高职化工类
模块化系列教材

化工责任关怀与安全技术

史焕地　主　编
韩　宗　副主编

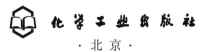
·北京·

内 容 简 介

《化工责任关怀与安全技术》依据化工行业企业工作岗位的职责与操作规范要求梳理知识点与技能点，对职业岗位工作过程与教学内容进行模块化设计，将课程内容按知识、能力和素质，编排为合理的模块，包括安全意识培养、危险辨识、安全行为控制、应急管理四个模块。全书内容循序渐进，符合学生认知规律及职业能力成长规律。每个模块分解为若干个任务，在课程教学设计上，采用四步教学法，即布置工作任务、知识学习、实施训练、检查评价的行动导向教学模式，充分体现出学生主体、教师主导作用，真正做到"教、学、做"一体化。

《化工责任关怀与安全技术》可作为高等职业院校化工技术类及相关专业的通用教材，也可作为高等职业教育本科相关专业的教材，还可供从事化工生产及相关领域的技术人员和管理人员培训及参考使用。

图书在版编目（CIP）数据

化工责任关怀与安全技术/史焕地主编；韩宗副主编．—北京：化学工业出版社，2023.7
ISBN 978-7-122-43406-7

Ⅰ.①化… Ⅱ.①史…②韩… Ⅲ.①化学工业-工业企业管理-安全管理-中国 Ⅳ.①F426.7

中国国家版本馆CIP数据核字（2023）第077188号

责任编辑：提 岩　王海燕　　　　　文字编辑：崔婷婷
责任校对：宋　夏　　　　　　　　装帧设计：王晓宇

出版发行：化学工业出版社（北京市东城区青年湖南街13号　邮政编码100011）
印　　装：高教社（天津）印务有限公司
787mm×1092mm　1/16　印张8　字数179千字　2023年7月北京第1版第1次印刷

购书咨询：010-64518888　　　　　　　售后服务：010-64518899
网　　址：http://www.cip.com.cn
凡购买本书，如有缺损质量问题，本社销售中心负责调换。

定　　价：25.00元　　　　　　　　　　　　　　　　版权所有　违者必究

高职化工类模块化系列教材
编审委员会名单

顾　　　问： 于红军

主 任 委 员： 孙士铸

副主任委员： 刘德志　辛　晓　陈雪松

委　　　员： 李萍萍　李雪梅　王　强　王　红
　　　　　　　韩　宗　刘志刚　李　浩　李玉娟
　　　　　　　张新锋

序

目前，我国高等职业教育已进入高质量发展时期，《国家职业教育改革实施方案》明确提出了"三教"（教师、教材、教法）改革的任务。三者之间，教师是根本，教材是基础，教法是途径。东营职业学院石油化工技术专业群在实施"双高计划"建设过程中，结合"三教"改革进行了一系列思考与实践，具体包括以下几方面：

1. 进行模块化课程体系改造

坚持立德树人，基于国家专业教学标准和职业标准，围绕提升教学质量和师资综合能力，以学生综合职业能力提升、职业岗位胜任力培养为前提，持续提高学生可持续发展和全面发展能力。将德国化工工艺员职业标准进行本土化落地，根据职业岗位工作过程的特征和要求整合课程要素，专业群公共课程与专业课程相融合，系统设计课程内容和编排知识点与技能点的组合方式，形成职业通识教育课程、职业岗位基础课程、职业岗位课程、职业技能等级证书（1＋X证书）课程、职业素质与拓展课程、职业岗位实习课程等融理论教学与实践教学于一体的模块化课程体系。

2. 开发模块化系列教材

结合企业岗位工作过程，在教材内容上突出应用性与实践性，围绕职业能力要求重构知识点与技能点，关注技术发展带来的学习内容和学习方式的变化；结合国家职业教育专业教学资源库建设，不断完善教材形态，对经典的纸质教材进行数字化教学资源配套，形成"纸质教材＋数字化资源"的新形态一体化教材体系；开展以在线开放课程为代表的数字课程建设，不断满足"互联网＋职业教育"的新需求。

3. 实施理实一体化教学

组建结构化课程教学师资团队，把"学以致用"作为课堂教学的起点，以理实一体化实训场所为主，广泛采用案例教学、现场教学、项目教学、讨论式教学等行动导向教学法。教师通过知识传授和技能培养，在真实或仿真的环境中进行教学，引导学生将有用的知识和技能通过反复学习、模仿、练习、实践，实现"做中学、学中做、边做边学、边学边做"，使学生将最新、最能满足企业需要的知识、能力和素养吸收、固化成为自己的学习所得，内化于心、外化于行。

本次高职化工类模块化系列教材的开发，由职教专家、企业一线技术人员、专业教师联合组建系列教材编委会，进而确定每本教材的编写工作组，实施主编负责制，结合化工行业企业工作岗位的职责与操作规范要求，重新梳理知识点与技能点，把职业岗位工作过程与教学内容相结合，进行模块化设计，将课程内容按知识、能力和素质，编排为合理的课程模块。

本套系列教材的编写特点在于以学生职业能力发展为主线，系统规划了不同阶段化工类专业培养对学生的知识与技能、过程与方法、情感态度与价值观等方面的要求，体现了专业教学内容与岗位资格相适应、教学要求与学习兴趣培养相结合，基于实训教学条件建设将理论教学与实践操作真正融合。教材体现了学思结合、知行合一、因材施教，授课教师在完成基本教学要求的情况下，也可结合实际情况增加授课内容的深度和广度。

本套系列教材的内容，适合高职学生的认知特点和个性发展，可满足高职化工类专业学生不同学段的教学需要。

高职化工类模块化系列教材编委会

2021 年 1 月

前言

责任关怀理念于1985年由加拿大化学品制造商协会（CCPA）提出，之后逐渐在全球范围内推行。2002年中国石油和化学工业开始酝酿推进责任关怀工作，2011年中华人民共和国工业和信息化部发布了化工行业《责任关怀实施准则》（HG/T 4184—2011）。责任关怀是化工行业针对自身发展情况所提出的一整套自律性的，持续改进环保、健康及安全绩效的管理体系。

安全管理贯穿各个行业和领域，安全问题越来越受到政府和公众的重视。现代化的生产、经营性企业的安全生产管理问题，无论从其带来的经济效益还是从社会影响力来看，都不容忽视。化工生产的安全比其他行业更为迫切和重要。要做好化工企业的安全生产，人是关键因素。要提高化工企业职工的素质和实现化工生产的现代化，必须大力开展安全教育和培训工作。

高等职业院校培养的化工类专业学生是未来化工行业发展所需的高技能人才，其对化工行业责任关怀理念的认同和贯彻，以及对化工生产安全技术的认识和掌握，对于做好本职工作和推动行业发展都具有重要意义。因此，我们结合高等职业教育人才培养要求和化工责任关怀与安全技术的相关知识，以"能力培养"为导向，编写了本书。

本书由东营职业学院史焕地主编、韩宗副主编。其中，模块一由韩宗编写；模块二、模块三由史焕地编写；模块四由王丽、李玉娟编写。全书由史焕地统稿，孙士铸、刘德志审定。

本书在编写过程中得到了富海集团有限公司、华泰化工集团有限公司等有关单位领导和同志的大力帮助，在此深表感谢！

由于编者水平所限，书中不足之处在所难免，敬请广大读者批评指正。

编者

2023年2月

目录

模块一
安全意识培养 /001

任务一　化工责任关怀认知　/002
【学习目标】/002
【相关知识】/002
　一、责任关怀的起源　/002
　二、责任关怀的定义　/003
　三、责任关怀的实践准则　/003
　四、实施责任关怀的步骤与方法　/004

任务二　安全生产法律法规认知　/006
【学习目标】/006
【案例】/006
【任务要求】/006
【相关知识】/007
　一、安全生产法律法规体系　/007
　二、《中华人民共和国宪法》　/007
　三、《中华人民共和国安全生产法》　/008
　四、《中华人民共和国刑法》　/009
　五、《中华人民共和国劳动法》　/010
　六、《中华人民共和国职业病防治法》　/010
　七、《工伤保险条例》　/011
　八、《生产安全事故报告和调查处理条例》　/012
　九、《危险化学品安全管理条例》　/013
【任务实施】/014

任务三　典型事故案例分析　/016
【学习目标】/016
【任务要求】/016
【相关知识】/016
　一、事故原因分析基本知识　/016
　二、印度博帕尔事故案例分析　/017

目录

  三、BP 得克萨斯炼油厂爆炸事故案例分析 /020

 【任务实施】 /022

任务四 个人防护用品选择与使用 /023

 【学习目标】 /023

 【案例】 /023

 【任务要求】 /023

 【相关知识】 /023

  一、个人防护用品的种类 /024

  二、个人防护用品的正确使用和注意事项 /024

  三、个人防护用品的维护和保养 /027

 【任务实施】 /028

模块二 危险辨识 /029

任务一 危险有害因素认知 /030

 【学习目标】 /030

 【案例】 /030

 【任务要求】 /030

 【相关知识】 /031

  一、危险有害因素的概念 /031

  二、化工危险有害因素的类别 /031

  三、化工危险有害因素辨识方法 /033

 【任务实施】 /033

任务二 编制安全检查表 /035

 【学习目标】 /035

 【任务要求】 /035

 【相关知识】 /035

  一、安全检查表的编制依据 /035

  二、安全检查表的类型 /036

  三、安全检查表的编制步骤 /040

  四、应用实例 /040

目录

　　【任务实施】　/041
　任务三　危险与可操作性分析　/042
　　【学习目标】　/042
　　【案例】　/042
　　【任务要求】　/043
　　【相关知识】　/043
　　　一、HAZOP 术语　/043
　　　二、HAZOP 分析流程　/044
　　　三、应用案例　/046
　　【任务实施】　/047
　任务四　工作安全分析　/048
　　【学习目标】　/048
　　【任务要求】　/048
　　【相关知识】　/048
　　　一、工作安全分析方法的适用范围　/048
　　　二、工作安全分析方法的管理流程　/049
　　　三、工作安全分析的步骤　/050
　　　四、应用实例　/052
　　【任务实施】　/052

模块三
安全行为控制　/053

　任务一　人的不安全行为认知　/054
　　【学习目标】　/054
　　【案例】　/054
　　【任务要求】　/054
　　【相关知识】　/054
　　　一、不安全行为表现的分类　/055
　　　二、产生不安全行为的原因　/056
　　　三、人员不安全行为控制方法　/057
　　【任务实施】　/058

目录

任务二 安全管理制度认知 /059
　【学习目标】 /059
　【案例】 /059
　【任务要求】 /060
　【相关知识】 /060
　　一、安全生产责任制 /060
　　二、安全教育制度 /061
　　三、安全检查 /063
　【任务实施】 /065

任务三 行为安全观察认知 /066
　【学习目标】 /066
　【案例】 /066
　【任务要求】 /066
　【相关知识】 /067
　　一、行为安全观察的定义 /067
　　二、行为安全观察计划 /067
　　三、行为安全观察的步骤 /067
　　四、行为安全观察的内容 /068
　　五、行为安全观察报告 /069
　　六、行为安全观察结果的统计与分析 /070
　　七、应用实例 /070
　【任务实施】 /071

任务四 安全标志识别 /072
　【学习目标】 /072
　【案例】 /072
　【任务要求】 /072
　【相关知识】 /073
　　一、安全色 /073
　　二、安全标志 /073
　　三、职业危害标志 /075
　　四、气瓶及工业管道标志 /076
　【任务实施】 /078

目录

模块四
应急管理 /079

任务一 应急救援预案编制 /080
【学习目标】/080
【案例】 /080
【任务要求】 /080
【相关知识】 /081
　　一、基本概念 /081
　　二、应急管理过程 /081
　　三、应急预案编制程序 /082
　　四、事故应急预案体系构建 /083
　　五、综合应急预案的主要内容 /083
　　六、专项应急预案内容 /085
　　七、现场处置方案内容 /085
　　八、应用案例 /086
【任务实施】 /090

任务二 事故应急演练 /091
【学习目标】/091
【案例】 /091
【任务要求】 /091
【相关知识】 /092
　　一、应急演练目的和工作原则 /092
　　二、应急演练分类 /092
　　三、演练的参与人员 /093
　　四、应急演练实施 /094
　　五、应用案例 /095
【任务实施】 /097

任务三 现场急救措施认知 /098
【学习目标】 /098
【案例】 /098

目录

　　【任务要求】　/098
　　【相关知识】　/099
　　　　一、心肺复苏　/099
　　　　二、止血　/103
　　　　三、包扎　/106
　　　　四、骨折固定　/108
　　　　五、搬运　/109
　　【任务实施】　/110
　任务四　典型事故应急处置　/111
　　【学习目标】　/111
　　【案例】　/111
　　【任务要求】　/111
　　【相关知识】　/112
　　　　一、应急处置流程及要点　/112
　　　　二、事故现场应急处置　/112
　　【任务实施】　/114

参考文献　/115

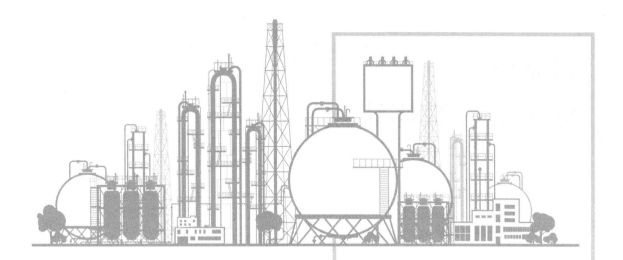

模块一

安全意识培养

安全是在人类生产过程中,将系统的运行状态对人类的生命、财产、环境可能产生的损害控制在人类能接受水平以下的状态。安全意识就是人们头脑中建立起来的生产必须安全的观念,是人们在生产活动中对各种各样有可能对自己或他人造成伤害的外在环境条件的一种戒备和警觉的心理状态。"安全第一"是做好一切工作的基础,是落实"以人为本"的根本措施。责任是安全意识的核心。而责任关怀是一种企业理念,其宗旨是全球石油和化工企业实现自愿改善健康、安全和环境质量,从而促进行业的可持续发展。

任务一
化工责任关怀认知

学习目标

知识目标：了解责任关怀的起源；熟悉责任关怀的原则要求；了解责任关怀实施过程中的七项准则。

能力目标：能说出责任关怀的重要性；能明确自己在企业责任关怀实施中的作用。

素质目标：培养正确的责任关怀理念和责任关怀意识。

一、责任关怀的起源

1984年12月2日晚至3日凌晨，在印度中央邦博帕尔市，发生了一起震惊世界的异氰酸甲酯有毒化学气体泄漏事故。事故造成2.5万人当场死亡，55万人间接死亡，另外还有20多万人终身残疾，影响的后代更是不计其数。这是20世纪最可怕的一次有毒物质泄漏事故。

这次事故经济损失高达近百亿美元，震惊了整个世界。事故发生后，各国化工行业有关组织纷纷进行安全检查，清除隐患。但是在人们的心中，对化工行业的恶劣阴影已经挥之不去。如何改变化工企业在社会公众中的形象，已成为各国化工企业共同关注的问题。

在这样的背景下，1985年由加拿大化学品制造商协会（CCPA）发起，提出责任关怀理念。1988年，美国化工协会（ACC）开始实施责任关怀。1992年，国际化工协会联合会（ICCA）接纳责任关怀理念并形成在全球推广的计划，宗旨是全球石油和化工企业自愿改善健康、安全和环境质量。2002年，中国石油和化学工业开始酝酿推进责任关怀工作。2006年，《责任关怀全球宪章》发布。2018年，中国正式成为国际化工协会联合会（ICCA）的会员。

目前全球许多国家和地区的化工企业都实施了责任关怀。经过多年的推广和实践，责任关怀通过信息分享以及严格的检测体系、运行指标和认证程序，向世人展示了化学工业在健康、安全和环境质量乃至持续发展等方面取得的成绩。

二、责任关怀的定义

责任关怀（responsible care）是化工行业针对自身发展情况提出的一整套自律性的，持续改进环保、健康及安全绩效的管理体系。该体系不是着眼于短期的商业利益，而是通过信息分享以及严格的检测体系、运行指标和认证程序，向公众展示石油化工类企业在健康、安全和环境质量方面所做的努力，树立良好的企业形象，从而使石油化工行业实现可持续发展，最终实现"零污染排放""零人员伤亡""零财产损失"的终极目标。

三、责任关怀的实践准则

责任关怀理念在提出和逐步完善的过程中，先后提出了相应的理论、原则及实施准则。随着全球石油化工企业的高度发展和责任关怀理念的不断完善，责任关怀理念已经逐步走向快速发展阶段，该理念的宣传和实施不断被石油化工行业践行和落实，进而有效推动了责任关怀理念和化工企业安全管理理念的发展。责任关怀的实践准则包括以下几方面。

1. 社区认知准则

社区认知准则用于规范化工企业在推行责任关怀过程中进行的社区认知管理工作。它是通过必要的信息交流与沟通，不断提高社区对企业的认知水平，从而使企业与社区共同创建一个和谐友好的氛围。该准则适用于化工企业在生产和经营过程中的全部活动所可能涉及的社区认知管理，充分体现社区的知情权。

2. 应急响应准则

应急响应准则用于规范化工企业在推行责任关怀过程中进行的应急响应的各项管理工作。通过实施应急响应准则，企业一旦发生事故就能立即进行快速应变和有效处理，将事故损失降到最低。这种应急响应包括企业内部的、周边社区的以及社会公众的。它要求企业有应急响应管理机构，建立机制，编制预案，制订计划，从而建立起整套应急救援体系，能真正发挥其应急救援的作用。

3. 储运安全准则

储运安全准则用于规范化工企业在推行责任关怀过程中对化学品的储运安全管理工作。它包括储存、运输、转移（装货和卸货）等各个阶段。该准则适用于化学品（包括化学原料、化学制品及化学废弃物）经由公路、铁路、航空及水路等各种形式运输及其储存活动的全过程，确保将化学品在储运过程中对人和环境可能造成的危害降到最低。

4. 污染防治准则

污染防治准则用于规范化工企业在推行责任关怀过程中进行的环境保护管理工作。它要求企业最大限度地避免、减少或控制任何类型污染物的产生和排放。它适用于企业在生产和经营过程中全部活动的污染防治全过程，以防止企业在一切活动中对环境造成负面影响。

5. 工艺安全准则

工艺安全准则用于规范企业的生产活动，防止化学品泄漏，预防爆炸、火灾和伤害的发生或对环境产生的负面影响。它适用于化工企业在生产活动中的工艺安全管理，包括在企业创建阶段选择先进的、合理的工艺路线，建造的厂房符合安全设计规范的要求，生产设备符合国家有关标准的要求，制定符合和达到工艺路线和各项参数指标要求的安全操作规程和安全检修规程等。

6. 员工健康安全准则

员工健康安全准则用于规范化工企业推行责任关怀过程中实施的安全管理和职业卫生管理工作，规范员工和外来工作人员、参观学习人员的安全行为和卫生行为。它要求企业采取一切可靠有效的措施消除或控制风险，避免伤亡事故发生，采取有效的预防措施消除或减少职业病危害因素可能造成的危害，以防止职业病的发生。

7. 产品安全监管准则

产品安全监管准则用于规范化工企业在推行责任关怀过程中进行的产品安全监督管理工作。它适用于化学品生命周期的所有阶段。企业对化学品生命周期中每一个环节所涉及的人身健康和环境风险承担责任。企业应采取合理的判断，将准则应用于其产品、客户与业务之中，从而确保将化学品在整个生命周期中（包括研发、生产、储运、经营、使用、废弃物处置等）可能对人员和环境造成的危害降至最低。

四、实施责任关怀的步骤与方法

在化工企业实施责任关怀要经过三个阶段：一是启动阶段；二是实施阶段；三是管理评审与持续改进阶段。具体分为9步完成一个PDCA（计划、实施、检查、改进）循环。

1. 决策与承诺

化工企业推行责任关怀理念，首先要由最高管理层（如董事会等）召开会议集体决策，并作出承诺，对实施责任关怀所需的人才、资金等予以保障和支持。

2. 最高管理者签署承诺书

最高管理者签署的承诺书是最高管理层承诺的必要形式，应予以公布并存档，作为以后行动的依据文件。企业最高管理者应保证提供实施责任关怀过程中所需的各种支持，并参与推广和实施责任关怀的统一行动。

3. 设立推行责任关怀的管理机构

企业内部应单独设立负责推行责任关怀的管理机构，或明确负责此项工作的现有管理部门并必须设专职管理人员。

4. 制定责任关怀的方针和目标

企业应对本企业的健康、安全和环保工作的基础状况进行一次前期评估，根据评估结果制定企业的责任关怀方针。依据方针的总体要求，制定各项工作目标。

5. 制定责任关怀的实施计划与管理制度

企业应根据工作目标制订责任关怀的实施计划，内容包括具体措施、时间表、责任部门和责任人。

为了保证计划的落实，还必须制定相应的管理制度。

6. 实施

根据准则的要求和实施计划，在企业内全面实施责任关怀，首先应进行全员培训，让每个部门和全体员工认知责任关怀，了解本企业的目标和实施计划、本部门及个人的职责、如何行动。

7. 检查与绩效考核

检查计划的执行情况，检查执行准则过程中存在的问题与不足，并予以纠正。绩效考核是责任关怀实施一个阶段以后，对准则的执行情况进行综合考核，提出进一步完善的措施，不断提高对健康、安全和环境质量的管理绩效。

8. 管理评审

企业应建立评审制度，成立评审小组，明确评审目的，制订评审计划，每年进行一次评审活动，并要写出评审报告。

9. 持续改进

企业的"责任关怀"评审报告书要上报最高管理层，并予以公布。最高管理层依据评审报告提出的问题，进行持续改进，修改工作目标，修改规章制度，对不当的预防措施做进一步修正，为下一年责任关怀的实施更上一个新台阶做好准备。

任务二
安全生产法律法规认知

 学习目标

知识目标：了解我国安全生产法律法规体系结构；了解我国安全生产法律法规的基本知识。
能力目标：能够对法规执行情况进行符合性判断。
素质目标：培养正确的安全价值观和安全意识。

2018年11月28日0时40分55秒，河北某公司氯乙烯泄漏并扩散至厂外区域，遇火源发生爆燃，造成24人死亡、21人受伤，38辆大货车和12辆小型车损毁。

调查认定该事故是一起重大危险化学品爆燃责任事故。公安机关对12名企业人员依法立案侦查并采取刑事强制措施，同时对地方政府及相关监管部门层面给予党政纪处分，对该公司进行行政处罚。

利用所学安全法律知识对事故案例进行分析。

一、安全生产法律法规体系

安全生产法律法规体系，是指我国全部现行的、不同的安全生产法律规范形成的有机联系的统一整体。我国持续加强安全生产法律法规体系建设，基本形成了以宪法为根本，以安全生产法、职业病防治法为主体，以系列行政规章为支撑，以地方性安全法规为补充，以规范标准为延伸的安全生产法律法规框架体系。

按法律地位及效力等同原则，安全生产法律法规体系分为以下6个门类。

1. 宪法

《中华人民共和国宪法》是安全生产法律法规体系框架的最高层级，"加强劳动保护，改善劳动条件"是有关安全生产方面最高法律效力的规定。

2. 安全生产方面的法律

我国法律的制定权是全国人民代表大会及其常务委员会。《中华人民共和国安全生产法》是我国安全生产领域的一部综合性法律。

3. 安全生产行政法规

国务院根据宪法和法律制定行政法规。如《危险化学品安全管理条例》《中华人民共和国尘肺病防治条例》等。

4. 地方性法规、自治条例和单行条例

省、自治区、直辖市的人民代表大会及其常务委员会根据本行政区域的具体情况和实际需要，在不与宪法、法律、行政法规相抵触的前提下，可以制定地方性法规。如《山东省安全生产条例》。

5. 规章

国务院各部、委员会、中国人民银行、审计署和具有行政管理职能的直属机构，可以根据法律和国务院的行政法规、决定、命令，在本部门的权限范围内制定规章。如《生产安全事故应急预案管理办法》。省、自治区、直辖市和设区的市、自治州的人民政府，可以根据法律、行政法规和本省、自治区、直辖市的地方性法规，制定规章。如《山东省安全生产行政责任制规定》。

6. 安全生产相关标准

如 GB/T 13861—2022《生产过程危险和有害因素分类与代码》、GB 2894—2008《安全标志及其使用导则》、GB 6441—1986《企业职工伤亡事故分类》等。

二、《中华人民共和国宪法》

《中华人民共和国宪法》第 42 条规定，中华人民共和国公民有劳动的权利和义务。国家通过各种途径，创造劳动就业条件，加强劳动保护，改善劳动条件，并在发展生产的基础上，提高劳动报酬和福利待遇。劳动是一切有劳动能力的公民的光荣职责。国有企业和城乡集体经济组织的劳动者都应当以国家主人翁的态度对待自己的劳动。国家提倡社会主义劳动竞赛，奖励劳动模范和先进工作者。国家提倡公民从事义务劳动。国家对就业前的公民进行必要的劳动就业训练。

《中华人民共和国宪法》第43条规定，中华人民共和国劳动者有休息的权利。国家发展劳动者休息和休养的设施，规定职工的工作时间和休假制度。

三、《中华人民共和国安全生产法》

《中华人民共和国安全生产法》是我国第一部有关安全生产工作的综合性法律，确立了安全生产的基本准则和基本法律制度。

1. 总则部分

（1）立法目的　为了加强安全生产工作，防止和减少生产安全事故，保障人民群众生命和财产安全，促进经济社会持续健康发展。

（2）适用范围　在中华人民共和国领域内从事生产经营活动的单位的安全生产，适用本法；有关法律、行政法规对消防安全和道路交通安全、铁路交通安全、水上交通安全、民用航空安全以及核与辐射安全、特种设备安全另有规定的，适用其规定。

（3）基本方针　安全生产的基本方针是"安全第一、预防为主、综合治理"。

2. 生产经营单位的安全生产保障

（1）主要负责人职责

① 建立健全并落实本单位全员安全生产责任制，加强安全生产标准化建设。

② 组织制定并实施本单位安全生产规章制度和操作规程。

③ 组织制订并实施本单位安全生产教育和培训计划。

④ 保证本单位安全生产投入的有效实施。

⑤ 组织建立并落实安全风险分级管控和隐患排查治理双重预防工作机制，督促、检查本单位的安全生产工作，及时消除生产安全事故隐患。

⑥ 组织制定并实施本单位的生产安全事故应急救援预案。

⑦ 及时、如实报告生产安全事故。

（2）安全管理机构和安全管理人员配备　矿山、金属冶炼、建筑施工和运输单位以及危险物品的生产、经营、储存、装卸单位，应当设置安全生产管理机构或者配备专职安全生产管理人员。除前文规定以外的其他生产经营单位，从业人员超过一百人的，应当设置安全生产管理机构或者配备专职安全生产管理人员；从业人员在一百人以下的，应当配备专职或者兼职的安全生产管理人员。

（3）生产经营单位的安全生产管理机构以及安全生产管理人员履行职责

① 组织或者参与拟定本单位安全生产规章制度、操作规程和生产安全事故应急救援预案。

② 组织或者参与本单位安全生产教育和培训，如实记录安全生产教育和培训情况。

③ 组织开展危险源辨识和评估，督促落实本单位重大危险源的安全管理措施。

④ 组织或者参与本单位应急救援演练。

⑤ 检查本单位的安全生产状况，及时排查生产安全事故隐患，提出改进安全生产管理

的建议。

⑥ 制止和纠正违章指挥、强令冒险作业、违反操作规程的行为。

⑦ 督促落实本单位安全生产整改措施。

3. 从业人员的八大权利和三项义务

《中华人民共和国安全生产法》明确规定了从业人员必须享有的有关安全生产和人身安全的最重要的和最基本的权利，这些权利可归纳为以下八大权利。

① 知情权，即有权了解其作业场所和工作岗位存在的危险因素、防范措施和事故应急措施。

② 建议权，即有权对本单位安全生产工作提出建议。

③ 批评权、检举权、控告权，即有权对本单位安全生产管理工作中存在的问题提出批评、检举、控告。

④ 拒绝权，即有权拒绝违章作业指挥和强令冒险作业。

⑤ 紧急避险权，即发现直接危及人身安全的紧急情况时，有权停止作业或者在采取可能的应急措施后撤离作业场所。

⑥ 依法向本单位提出要求赔偿的权利。

⑦ 获得符合国家标准或者行业标准劳动防护用品的权利。

⑧ 获得安全生产教育和培训的权利。

在从业人员享有这些权利的同时，《中华人民共和国安全生产法》也规定了从业者应该履行的三项义务。

① 自律遵规的义务，即从业人员在作业过程中，应当严格落实岗位安全责任，遵守本单位的安全生产规章制度和操作规程，服从管理，正确佩戴和使用劳动防护用品。

② 自觉学习安全生产知识的义务，要求掌握本职工作所需的安全生产知识，提高安全生产技能，增强事故预防和应急处理能力。

③ 危险报告义务，即发现事故隐患或者其他不安全因素时，应当立即向现场安全生产管理人员或者本单位负责人报告。

四、《中华人民共和国刑法》

《中华人民共和国刑法》对违反各项安全生产法律法规，情节严重者的刑事责任做了规定。

第134条 重大责任事故罪 在生产、作业中违反有关安全管理的规定，因而发生重大伤亡事故或者造成其他严重后果的，处三年以下有期徒刑或者拘役；情节特别恶劣的，处三年以上七年以下有期徒刑。强令他人违章冒险作业，或者明知存在重大事故隐患而不排除，仍冒险组织作业，因而发生重大伤亡事故或者造成其他严重后果的，处五年以下有期徒刑或者拘役；情节特别恶劣的，处五年以上有期徒刑。

第135条 重大劳动安全事故罪 安全生产设施或者安全生产条件不符合国家规定，因而发生重大伤亡事故或者造成其他严重后果的，对直接负责的主管人员和其他直接责任人员，处三年以下有期徒刑或者拘役；情节特别恶劣的，处三年以上七年以下有期徒刑。

第136条 危险物品肇事罪 违反爆炸性、易燃性、放射性、毒害性、腐蚀性物品的管理规定，在生产、储存、运输、使用中发生重大事故，造成严重后果的，处三年以下有期徒刑或者拘役；后果特别严重的，处三年以上七年以下有期徒刑。

五、《中华人民共和国劳动法》

1. 用人单位在劳动安全卫生方面的职责

第52条 用人单位必须建立、健全劳动安全卫生制度，严格执行国家劳动安全卫生规程和标准，对劳动者进行劳动安全卫生教育，防止劳动过程中的事故，减少职业危害。

第53条 劳动安全卫生设施必须符合国家规定的标准。新建、改建、扩建工程的劳动安全卫生设施必须与主体工程同时设计、同时施工、同时投入生产和使用。

第54条 用人单位必须为劳动者提供符合国家规定的劳动安全卫生条件和必要的劳动防护用品，对从事有职业危害作业的劳动者应当定期进行健康检查。

第55条 从事特种作业的劳动者必须经过专门培训并取得特种作业资格。

第56条 劳动者在劳动过程中必须严格遵守安全操作规程。劳动者对用人单位管理人员的违章指挥、强令冒险作业，有权拒绝执行；对危害生命安全和身体健康的行为，有权提出批评、检举和控告。

2. 女职工和未成年工特殊保护

第58条 国家对女职工和未成年工实行特殊劳动保护。未成年工是指年满十六周岁未满十八周岁的劳动者。

第59条 禁止安排女职工从事矿山井下、国家规定的第四级体力劳动强度的劳动和其他禁忌从事的劳动。

第60条 不得安排女职工在经期从事高处、低温、冷水作业和国家规定的第三级体力劳动强度的劳动。

第61条 不得安排女职工在怀孕期间从事国家规定的第三级体力劳动强度的劳动和孕期禁忌从事的劳动。对怀孕七个月以上的女职工，不得安排其延长工作时间和夜班劳动。

第62条 女职工生育享受不少于九十天的产假。

第63条 不得安排女职工在哺乳未满一周岁的婴儿期间从事国家规定的第三级体力劳动强度的劳动和哺乳期禁忌从事的其他劳动，不得安排其延长工作时间和夜班劳动。

第64条 不得安排未成年工从事矿山井下、有毒有害、国家规定的第四级体力劳动强度的劳动和其他禁忌从事的劳动。

第65条 用人单位应当对未成年工定期进行健康检查。

六、《中华人民共和国职业病防治法》

1. 职业病的范围

本法所称职业病，是指企业、事业单位和个体经济组织等用人单位（以下统称用人单位）的劳动者在职业活动中，因接触粉尘、放射性物质和其他有毒、有害物质等因素而引起的疾病。

职业病的分类和目录由国务院卫生行政部门会同国务院劳动保障行政部门制定、调整并公布。

2. 用人单位在职业病防治方面的职责

用人单位应当建立、健全职业病防治责任制，加强对职业病防治的管理，提高职业病防治水平，对本单位产生的职业病危害承担责任。用人单位必须依法参加工伤保险。

本法明确规定了用人单位所应采取的**职业病防治管理措施**，包括：

① 设置或者指定职业卫生管理机构或者组织，配备专职或者兼职的职业卫生专业人员，负责本单位的职业病防治工作；

② 制定职业病防治计划和实施方案；

③ 建立、健全职业卫生管理制度和操作规程；

④ 建立、健全职业卫生档案和劳动者健康监护档案；

⑤ 建立、健全工作场所职业病危害因素监测及评价制度；

⑥ 建立、健全职业病危害事故应急救援预案。

3. 用人单位的职业病管理

① 实行职业病危害公告和警示制度。

② 做好职业病危害因素的监测、检测、评价与治理。

③ 对于可能产生职业病危害的设备和材料等，设置警示标识和警示说明。

④ 在与劳动者签订的劳动合同中，应写明工作过程中可能产生的职业病危害及其后果、职业病防护措施和待遇。

⑤ 对劳动者进行上岗前的职业卫生培训和在岗期间的定期职业卫生培训。

⑥ 建立职业健康检查制度和职业健康监护档案。

4. 职业病诊断与职业病病人保障

职业病诊断应当由省级以上人民政府卫生行政部门批准的医疗卫生机构承担。职业病病人依法享有国家规定的职业病待遇。

七、《工伤保险条例》

《工伤保险条例》是国家通过立法的手段保证实施的一种社会福利制度。其补偿内容包括对伤残职工的医疗救治、经济补偿、职业康复训练和对工伤死亡家属的经济补贴等。作为社会保险制度体系的一个重要组成部分，工伤保险对于分散事故风险，保障因工伤事故或职业病而伤、残、亡的职工及其供养的直系亲属的基本生活，促进企业安全生产和维护社会安定，都发挥了极其重要的作用。

职工有下列情形之一的，应当认定为工伤或视同工伤：

① 在工作时间和工作场所内，因工作原因受到事故伤害的；

② 工作时间前后在工作场所内，从事与工作有关的预备性或者收尾性工作受到事故伤害的；

③ 在工作时间和工作场所内，因履行工作职责受到暴力等意外伤害的；

④ 患职业病的；

⑤ 因工外出期间，由于工作原因受到伤害或者发生事故下落不明的；

⑥ 在上下班途中，受到非本人主要责任的交通事故或者城市轨道交通、客运轮渡、火车事故伤害的；

⑦ 在工作时间和工作岗位，突发疾病死亡或者在48小时之内经抢救无效死亡的；

⑧ 在抢险救灾等维护国家利益、公共利益活动中受到伤害的；

⑨ 职工原在军队服役，因战、因公负伤致残，已取得革命伤残军人证，到用人单位后

旧伤复发的。

《工伤保险条例》规定了劳动者因工伤残或者患职业病依法享受社会保险待遇。用人单位应依法参加工伤保险，并按时缴纳保险费，如有违反则会受到相应的处罚并需要补交保险费和罚款。

八、《生产安全事故报告和调查处理条例》

1. 事故等级划分

根据生产安全事故（以下简称事故）造成的人员伤亡或者直接经济损失，事故一般分为以下等级：

（1）特别重大事故　是指造成 30 人以上死亡，或者 100 人以上重伤（包括急性工业中毒，下同），或者 1 亿元以上直接经济损失的事故；

（2）重大事故　是指造成 10 人以上 30 人以下死亡，或者 50 人以上 100 人以下重伤，或者 5000 万元以上 1 亿元以下直接经济损失的事故；

（3）较大事故　是指造成 3 人以上 10 人以下死亡，或者 10 人以上 50 人以下重伤，或者 1000 万元以上 5000 万元以下直接经济损失的事故；

（4）一般事故　是指造成 3 人以下死亡，或者 10 人以下重伤，或者 1000 万元以下直接经济损失的事故。

2. 事故报告

事故发生后，事故现场有关人员应当立即向本单位负责人报告；单位负责人接到报告后，应当于 1 小时内向事故发生地县级以上人民政府安全生产监督管理部门和负有安全生产监督管理职责的有关部门报告。

情况紧急时，事故现场有关人员可以直接向事故发生地县级以上人民政府安全生产监督管理部门和负有安全生产监督管理职责的有关部门报告。

① 特别重大事故、重大事故逐级上报至国务院安全生产监督管理部门和负有安全生产监督管理职责的有关部门。

② 较大事故逐级上报至省、自治区、直辖市人民政府安全生产监督管理部门和负有安全生产监督管理职责的有关部门。

③ 一般事故上报至设区的市级人民政府安全生产监督管理部门和负有安全生产监督管理职责的有关部门。

安全生产监督管理部门和负有安全生产监督管理职责的有关部门依照前款规定上报事故情况，应当同时报告本级人民政府。国务院安全生产监督管理部门和负有安全生产监督管理职责的有关部门以及省级人民政府接到发生特别重大事故、重大事故的报告后，应当立即报告国务院。

必要时，安全生产监督管理部门和负有安全生产监督管理职责的有关部门可以越级上报事故情况。

安全生产监督管理部门和负有安全生产监督管理职责的有关部门逐级上报事故情况，每级上报的时间不得超过 2 小时。

3. 事故报告内容

报告事故应当包括下列内容：

① 事故发生单位概况；
② 事故发生的时间、地点以及事故现场情况；
③ 事故的简要经过；
④ 事故已经造成或者可能造成的伤亡人数（包括下落不明的人数）和初步估计的直接经济损失；
⑤ 已经采取的措施；
⑥ 其他应当报告的情况。

自事故发生之日起 30 日内，事故造成的伤亡人数发生变化的，应当及时补报。道路交通事故、火灾事故自发生之日起 7 日内，事故造成的伤亡人数发生变化的，应当及时补报。

4. 事故调查

特别重大事故由国务院或者国务院授权有关部门组织事故调查组进行调查。

重大事故、较大事故、一般事故分别由事故发生地省级人民政府、设区的市级人民政府、县级人民政府负责调查。省级人民政府、设区的市级人民政府、县级人民政府可以直接组织事故调查组进行调查，也可以授权或者委托有关部门组织事故调查组进行调查。

5. 事故调查报告

事故调查报告应当包括以下内容：
① 事故发生单位概况；
② 事故发生经过和事故救援情况；
③ 事故造成的人员伤亡和直接经济损失；
④ 事故发生的原因和事故性质；
⑤ 事故责任的认定以及对事故责任者的处理建议；
⑥ 事故防范和整改措施。

事故调查报告应当附具有关证据材料。事故调查组成员应当在事故调查报告上签名。

九、《危险化学品安全管理条例》

1. 危险化学品的范围

本条例所称危险化学品，包括爆炸品、压缩气体和液化气体、易燃液体、易燃固体、自燃物品和遇湿易燃物品、氧化剂和有机过氧化物、有毒品和腐蚀品等。

2. 危险化学品的生产、储存和使用

（1）危险化学品的生产、储存的规划与审批　　国家对危险化学品的生产和储存实行统一规划、合理布局和严格控制，并对危险化学品生产、储存实行审批制度；未经审批，任何单位和个人都不得生产、储存危险化学品。

（2）设立危险化学品生产、储存企业的条件　　危险化学品生产、储存企业，必须具备下列条件：
① 有符合国家标准的生产工艺、设备或者储存方式、设施；
② 工厂、仓库的周边防护距离符合国家标准或者国家有关规定；
③ 有符合生产或者储存需要的管理人员和技术人员；
④ 有健全的安全管理制度；
⑤ 符合法律、法规规定和国家标准要求的其他条件。

3. 危险化学品的经营

（1）危险化学品经营许可　国家对危险化学品经营销售实行许可制度。未经许可，任何单位和个人不得经营销售危险化学品。

（2）经营危险化学品的禁止性规定　经营危险化学品，不得有下列行为：

① 从未取得危险化学品生产许可证或者危险化学品经营许可证的企业采购危险化学品；

② 经营国家明令禁止的危险化学品和用剧毒化学品生产的灭鼠药以及其他可能进入人民日常生活的化学产品和日用化学品；

③ 销售没有化学品安全技术说明书和化学品安全标签的危险化学品。

（3）剧毒化学品销售和购买　剧毒化学品经营企业销售剧毒化学品，应当记录购买单位的名称、地址和购买人员的姓名、身份证号码及所购剧毒化学品的品名、数量、用途。记录应当至少保存1年。

剧毒化学品经营企业应当每天核对剧毒化学品的销售情况；发现被盗、丢失、误售等情况时，必须立即向当地公安部门报告。

4. 危险化学品的运输

（1）危险化学品运输资质　国家对危险化学品的运输实行资质认定制度；未经资质认定，不得运输危险化学品。危险化学品运输企业必须具备的条件由国务院交通部门规定。

（2）危险化学品运输人员的培训　危险化学品运输企业应当对其驾驶员、船员、装卸管理人员、押运人员进行有关安全知识培训；驾驶员、船员、装卸管理人员、押运人员必须掌握危险化学品运输的安全知识，并经所在地设区的市级人民政府交通部门考核合格，取得上岗资格证，方可上岗作业。

（3）危险化学品托运人和承运人的安全要求　《危险化学品安全管理条例》第三十八条、第三十九条、第四十一条～第四十五条对此做出了规定，托运人和承运人必须遵守。

（4）危险化学品水上运输安全管理　禁止利用内河以及其他封闭水域等航运渠道运输剧毒化学品以及国务院交通部门规定禁止运输的其他危险化学品。

5. 危险化学品的登记与事故应急救援

（1）危险化学品登记管理　国家实行危险化学品登记制度，并为危险化学品安全管理、事故预防和应急救援提供技术、信息支持。

（2）危险化学品事故应急预案　危险化学品事故应急预案应当报设区的市级人民政府负责危险化学品安全监督管理综合工作的部门备案。

（3）危险化学品事故救援　发生危险化学品事故，单位主要负责人应当按照本单位制定的应急救援预案，立即组织救援，并立即报告当地负责危险化学品安全监督管理综合工作的部门和公安、环境保护、质检部门。

1. 查阅《中华人民共和国安全生产法》，并根据理解回答以下问题。

（1）我国安全生产方针的内涵是什么？

（2）企业主要负责人的职责有哪些？如何做到位？

（3）生产经营单位的安全生产管理机构以及安全生产管理人员有哪些履职要求？如何完成？

（4）从业人员有哪些权利和义务？如何保障自己的合法权益？

2. 查阅"11·28"重大爆燃事故调查报告，对照相关法律原文，说明对该公司进行处罚的原因和依据。

任务三
典型事故案例分析

 学习目标

知识目标：了解导致事故的直接原因和间接原因。
能力目标：能够对事故案例进行原因分析，并进行归纳总结。
素质目标：培养正确的安全价值观和安全意识。

对典型事故案例进行事故原因分析。

事故是指造成人员死亡、伤害、职业病、财产损失或其他损失的意外事件。

发生事故后需要进行事故调查，遵循科学严谨、依法依规、实事求是、注重实效的原则，同时要坚持"四不放过"原则，即事故原因未查清不放过、责任人员未处理不放过、责任人和群众未受教育不放过、整改措施未落实不放过。对于安全生产事故必须进行严肃认真的调查处理，接受教训，防止同类事故重复发生。

一、事故原因分析基本知识

1. 直接原因

事故调查需要调查事故发生的直接原因和间接原因，其中直接原因可以归结为人的不安全行为和物的不安全状态。

根据 GB/T 6441—1986《企业职工伤亡事故分类》，人的不安全行为可分为：①操作错误，忽视安全，忽视警告；②造成安全装置失效；③使用不安全设备；④手代替工具操作；⑤物体存放不当；⑥冒险进入危险场所；⑦攀、坐不安全位置；⑧在起吊物下作业、停留；⑨机器运转时加油、修理、检查、调整、焊接、清扫等工作；⑩有分散注意力行为；⑪在必须使用个人防护用品用具的作业或场合中，忽视其使用；⑫不安全装束；⑬对易燃、易爆等危险物品处理错误。

物的不安全状态可分为：

① 防护、保险、信号等装置缺乏或有缺陷；

② 设备、设施、工具、附件有缺陷；

③ 个人防护用品用具如防护服、手套、护目镜及面罩、呼吸器官护具、听力护具、安全带、安全帽、安全鞋等缺少或有缺陷；

④ 生产（施工）场地环境不良。

2. 间接原因

属于下列情况者为间接原因。

① 技术和设计上有缺陷：工业构件、建筑物、机械设备、仪器仪表、工艺过程、操作方法、维修检验等的设计，施工和材料使用存在问题。

② 教育培训不够，操作人员未经培训，缺乏或不懂安全操作技术知识。

③ 劳动组织不合理。

④ 对现场工作缺乏检查或指导错误。

⑤ 没有安全操作规程或不健全。

3. 海因里希事故法则

海因里希事故法则（见图 1-1）即事故的统计规律，又称 1∶29∶300 法则。即在机械生产过程中，每发生 330 起意外事件，有 300 件未产生人员伤害，29 件造成人员轻伤，1 件导致重伤或死亡。该法则是美国安全工程师海因里希（Heinrich H W）统计分析了 55 万起事故后提出的，受到安全界的普遍认可。

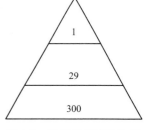

图 1-1　海因里希事故法则

海因里希事故法则告诉人们，要消除 1 次重伤死亡事故以及 29 次轻伤事故，必须首先消除 300 次无伤事故。也就是说，防止灾害的关键不在于防止伤害，而是要从根本上防止事故。所以，安全工作必须从基础抓起，如果基础安全工作做得不好，小事故不断，就很难避免大事故的发生。

二、印度博帕尔事故案例分析

1. 事故经过

1984 年 12 月 4 日美国联合碳化物公司在印度博帕尔（Bhopal，Indian）的农药厂发生异氰酸甲酯（CH_3NCO，简称 MIC）毒气泄漏事故，造成 2.5 万人当场死亡、20 多万人终身受害的让世界震惊的重大事故。生产工艺流程图如图 1-2 所示。

MIC 是生产氨基甲酸酯类杀虫剂的中间体。甲氨基甲酸萘酯是一种杀虫剂。MIC 极不稳定，需要在低温下储存。博帕尔的 MIC 储存在两个地下冷冻储槽中，第三个储槽储存不

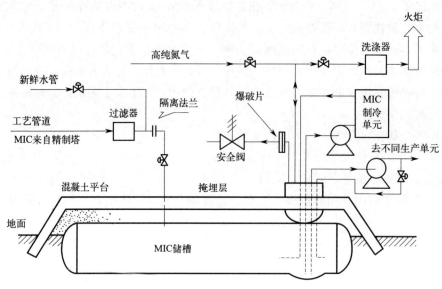

图 1-2　印度博帕尔生产工艺流程简图

合格的 MIC。

三个 MIC 储槽的进料是用带氮气夹套的不锈钢管从精制塔送来，并用普通管道将其送到甲氨基甲酸萘酯反应器，在反应器上装有安全阀。不合格的 MIC 循环至储槽，含 MIC 的废物送至放空气体洗涤器被中和。每个 MIC 储槽都有温度和压力显示仪表，以及液位指示和报警。MIC 储槽上装有固定的水监视器和制冷单元。当洗涤器中有大量气体（MIC 蒸气）释放时可使用燃烧系统，洗涤器和燃烧系统的排放高度为 15～20m。1984 年 6 月不再使用储槽的制冷系统，而且把制冷剂放出。

1984 年 12 月 2 日，第二班负责人命令 MIC 装置的操作工用水清洗管道。在操作前应该进行隔离，但被忽略了；而且几天前刚进行了检修，加上其他可能性，冲洗水进入了其中一个储槽。

12 月 2 日 23 时，储槽的压力在正常范围，23 时 30 分操作工发现 MIC 和污水从 MIC 储槽的下游管道流出，12 月 3 日 0 时 15 分储槽的压力升至 206.84kPa，几分钟后达到 379.21kPa，即最高极限；当操作工走近储槽时，他听到了隆隆声并且感受到储槽的热辐射；控制室操作工试图启动洗涤器系统，并通知总指挥；当总指挥到来时命令将装置关闭；水喷淋系统已打开但只能达到 15m 的高度，MIC 的排放高度为 50m。他们还试图启动制冷系统，但是因为没有制冷剂而宣告失败。至此，工厂开始向社区发出了毒气报警，但几分钟后报警声停止，只能用汽笛向工厂的工人发出警报。据称开始时汽笛引起误会，人们以为是装置发生了火灾而且准备参加灭火，而工厂的工人则错误地顺着毒气云的方向逃生。

安全阀一直开了两个小时，气、液、固三相以超过 200℃ 的温度、1241.06kPa 的压力释放到空气中。因为博帕尔城市发展很快，人口多，短时间内无法完全疏散；加上贫民区已建到工厂的围墙下面，简陋的屋子一点也起不到保护作用；城市的基础设施（如医院等）已无法应付这巨大的灾难，仅有的两所医院其设施只能容纳千余人，而中毒人数是其 10 倍。

2. 事故分析

事故发生的直接原因是工人对管道进行清洗时，按照标准规范要求，应该把清洗的管道和系统隔开，在阀门附近插上盲板，但是实际作业时没有用盲板隔开，导致储罐进入大量的水，水与MIC反应产生二氧化碳和热量，以及产品中氯仿含量过高（标准<0.5%，实际>12%）。其中氯离子起到催化作用，加速了水和MIC反应，使储罐压力直线上升，温度急剧上升，造成泄漏事故。

造成这次深重灾难的事故因素也是多种因素凑成的。

（1）**安全设施失效** 按照原来的设计意图，当发生较小泄漏时，泄漏的气体先经过洗涤器吸收，少量未被洗涤器吸收的气体进入火炬，在进入大气之前被焚烧掉。**洗涤器**能够处理温度为35℃、流量为90kg/h的MIC蒸气，在事故发生时，MIC的排放量大约是设计处理流量的200倍，而且**火炬**正处于维修状况，与工艺系统分开了。另一项安全设施是**喷淋水系统**，在3日凌晨1时，操作人员启动了喷淋水，但是最高只能喷到离地面15m处，而泄漏的MIC蒸气达到了离地面50m的高度。

（2）**缺少前期处置** 制冷系统的停用和储罐操作温度、温度报警值的改变，导致事故初期未被发现，缺少前期处置手段。工艺要求对储罐内的MIC进行冷冻储存，联合碳化的操作手册也规定，当温度超过11℃时，就应该报警；而在博帕尔工厂，停掉了制冷系统，还将报警温度设定在20℃，实际的操作温度基本上在15℃左右。

（3）**应急响应体系未有效运转** 在该工厂，少量的泄漏早已司空见惯，而且储罐上的压力计早先已经出现故障，操作人员不再相信它们的结果。事故发生之初，工厂操作人员忽视了所发生的泄漏，在发现泄漏2h后才拉响警报。MIC的泄漏持续了45~60min，在这期间，居住在工厂周围的许多人，因为眼睛和喉咙受到刺激从睡梦中惊醒，并很快丧失了生命。

（4）**抢救措施不当** 对MIC急性中毒的抢救知识匮乏，MIC可与水发生剧烈反应，因此用水可较容易地破坏其危害性，如用湿毛巾可吸收MIC并使其失去活性，这一信息若向居民及时发布可避免很多死亡和双目失明的情况。医疗当局和医务人员都不知道其抢救方法。

（5）**厂址选择不当** 工厂与城市之间没有足够的安全隔离带。工厂建造在城市近郊，离火车站只有1km，距工厂3km范围内有两家医院。在工厂附近居住着大量贫民，而他们的居住区域恰好在工厂下风侧，故造成大量人员伤亡。

（6）**未按本质安全的原则进行工厂设计** 根据"本质安全"的原则，宜尽量采用无毒或毒性小的化学品替代毒性大的化学品。MIC是该工厂生产工艺过程中的中间产物，在工厂设计阶段，可以考虑其他工艺路线以避免产生如此毒性的中间产物。当时，已有两家类似的工厂采用了其他替代的工艺路线，从而成功地避免了在工艺生产过程中产生MIC。

（7）**未按本质安全的原则进行工厂操作** 按照"本质安全"的原则，在满足工艺基本要求的前提下，应该尽量减少工艺系统内危险化学品的存储量。事故工厂有三个MIC储罐，每个储罐的储存量约为57m³，有专家质疑储存如此大量危险物料的必要性。

（8）**忽视工人培训** 由于工厂资金缺乏，管理人员认为赚钱比安全重要，对工人的培训逐渐减少，缩短员工的培训时间，缩减员工数量。

3. 事故教训

从这起震惊全世界的惨重事故中，可以总结出以下教训。

① 对于产生化学危险物品的工厂，在建厂前选址时，应做危险性评价。根据危险程度留有足够的防护带。建厂后，不得临近厂区建居民区。

② 对于生产和加工有毒化学品的装置，应装配传感器、自动化仪表和计算机控制等设施，提高装置的本质安全水平。

③ 对剧毒化学品的储存量应以维持正常运转为限，博帕尔农药厂每日使用MIC的量为5吨，但该厂却储存了55吨，这样大的储存量没有必要。

④ 应健全安全管理规程，并严格执行。提高操作人员技术素质，杜绝误操作和违章作业。严格交接班制度，记录齐全，不得有误，明确责任，奖罚分明。

⑤ 应强化安全教育和健康教育，提高职工的自我保护意识和普及事故中的自救、互救知识。坚持持证上岗，不获得安全作业证者不得上岗。

⑥ 对生产和加工剧毒化学品的装置应有独立的安全处理系统，一旦发生泄漏事故能及时启动处理系统，将毒物全部吸收和破坏掉。该系统应定期检修，只要正常生产在进行，它即处于良好的应急工作状态。

⑦ 对小事故要做详细分析处理，做到"四不放过"。该厂在1978年至1983年间曾发生过6起急性中毒事故，并且中毒死亡1人，都未引起管理人员对安全的重视。

⑧ 凡生产和加工剧毒化学品的工厂都应制定化学事故应急救援预案。通过预测把可能导致重大灾害的情况在工厂内公开，并应定期进行事故演习，让有关人员都清楚防护、急救、脱险、疏散、抢险、现场处理等措施。

三、BP得克萨斯炼油厂爆炸事故案例分析

1. 事故背景

2005年3月23日13时20分左右，英国石油公司（BP）位于美国得克萨斯州（Texas）的炼油厂异构化装置发生了严重的火灾爆炸事故，该事故为美国作业场所近20年间最严重的灾难。事故造成15人死亡，180余人受伤，爆炸产生的浓烟对周围工作和居住的人们造成不同程度的伤害，直接经济损失超过15亿美元。

事故发生在得克萨斯州炼油厂的异构化装置检修后的开车阶段。残液精馏塔是一个立式精馏塔，内径3.8m，高52m，满塔容积为586.1m^3，塔内安装有70层塔盘。残液精馏流程图如图1-3所示。

残液通过泵从残液精馏塔的中间位置进入塔内，在进料管线上有自动流量控制回路，进料需要先通过换热器与残液精馏塔塔底出料进行换热后再送至加热炉再次加热，精馏塔塔底重残液通过塔底泵，一部分去塔底再沸器进行加热后返回塔底，一部分与进料换热后再经过水冷却器冷却至规定温度后送至重残液储罐，采出量根据塔底液位自动调节，以保证塔内液位的稳定。精馏塔装有一个液位远传，在DCS上显示，液位远传能指示塔内1.5~2.7m的液位，精馏塔也装有两个独立的液位报警，一个报警值设置为72%（约2.3m高液位），另一个是液位报警是开关形式，报警值为78%（约2.4m高液位），精馏塔也设有低液位报警。

塔顶的气相进入距塔底约8m高的空冷器进行冷凝，冷凝的液体进入回流罐，回流罐在

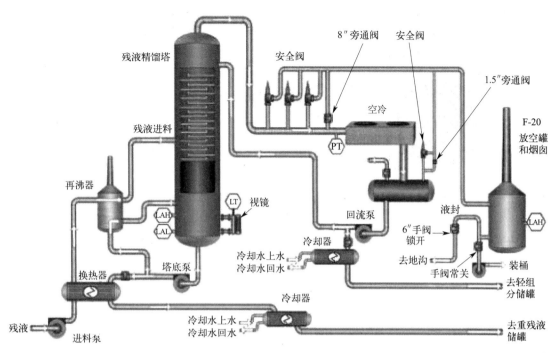

图 1-3 残液精馏流程简图

正常生产期间进行满罐操作，回流罐的液体通过回流泵，一部分从塔顶的第一块塔盘回流回塔，一部分采出经过冷却后去储罐。回流罐也设有液位高低报警和一个设定值为 483kPa 的安全阀，安全阀设有旁通管线，旁通管线连接至装置的放空系统，在开车期间，不凝气、氮气等通过安全阀的旁通管线放空。

为了保护精馏塔不超压，在塔顶气相管线上安装有 3 个并列的安全阀，安全阀出口连接至放空罐，放空罐设有一个高点放空烟囱。安全阀的设定压力分别为 276kPa、283kPa、290kPa，安全阀设有旁通阀，用于放空不凝气和系统放空。放空系统收集异构化装置的所有放空气，放空气先在放空罐中进行分液，然后高空排放。

与异构化装置毗邻的芳烃回收装置还处于维修阶段，有大量的承包商参与维修作业，在异构化装置的西边有很多的活动板房，离放空罐距离约 37m，维修作业的承包商在活动板房中办公、洗衣、更衣和淋浴。

2. 事故经过

2005 年 3 月 23 日早上，英国石油公司（BP）美国得克萨斯州（Texas）炼油厂的一套异构化装置的抽余油塔在经过 2 周的短暂维修后，重新开车。开车过程中，操作人员将可燃的液态烃原料不断泵入抽余油塔。抽余油塔是一个垂直的蒸馏塔，内径 3.8m，高 51.8m，容积约 586100 升，塔内有 70 块塔板，用于将抽余油分离成轻组分和重组分。在 3 个多小时的进料过程中，因塔顶馏出物管线上的液位控制阀未开，而报警器和控制系统又发出了错误的指令，使操作者对塔内液位过高毫不知情。液体原料装满抽余油塔后，进入塔顶馏出管线。塔顶的管线通往距塔顶以下 45.1m 的安全阀。管线中充满液体后，压力迅速从 144.8kPa 上升到 441.3kPa，迫使 3 个安全阀打开了 6 分钟，将大量可燃液体泄放到放空罐里。液体很快充满了 34.4m 高的放空罐，并沿着罐顶的放空管，像喷泉一样洒落到地面上。

泄漏出来的可燃液体蒸发后,形成可燃气体蒸气云。在距离放空罐7.6m的地方,停着一辆没有熄火的小型敞篷载货卡车,发动机引擎的火花点燃了可燃蒸气云,引发了大爆炸,导致正在离放空罐37m远处工作的15名承包商雇员死亡。

请从自己的视角深层次地审视此事故,探究导致事故发生的原因。

任务四
个人防护用品选择与使用

 学习目标

知识目标：了解个人防护用品的定义和分类；掌握个人防护用品的使用方法。
能力目标：能正确穿戴、使用个人防护用品。
素质目标：培养正确的安全价值观、安全意识和团队合作意识。

5月30日，湖南省浏阳市某采石场进行爆破作业时，一名碎石员工未佩戴安全帽，被飞溅的碎石击中头部当场死亡。

完成个人防护用品的使用和维护。

在化工企业生产过程中，安全防护用品是保障人身安全的最后一道防线。根据《中华人

民共和国安全生产法》第四十二条规定：生产经营单位必须为从业人员提供符合国家标准和行业标准的劳动防护用品，并监督、教育从业人员按照规则佩戴、使用。

一、个人防护用品的种类

个人防护用品（personal protective equipment，PPE）是指从业人员为防御物理、化学、生物等外界因素伤害所穿戴、配备和使用的护品的总称。它能在劳动生产过程中使劳动者免遭或减轻事故和职业危害因素的伤害，直接对人体起到保护作用。

根据《用人单位劳动防护用品管理规范》，按照人体防护部位分类可以分为以下十个大类。

① 头部防护用品包括普通安全帽、阻燃安全帽、防静电安全帽、电绝缘安全帽、抗压安全帽、绝缘安全帽和防寒安全帽等。

② 呼吸防护用品包括防尘口罩、过滤式防毒面具、自吸式长管呼吸器、送风式长管呼吸器、正压式空气呼吸器等。

③ 眼面部防护用品包括化学安全防护镜、防尘眼镜、焊接眼护具、防冲击眼护具、炉窑护目镜等。

④ 耳部防护用品包括用各种材料制作的防噪声护具，主要有耳塞、耳罩和防噪声头盔。

⑤ 手部防护用品包括耐酸碱手套、防静电手套、防振手套、焊工手套、带电作业绝缘手套等。

⑥ 足部防护用品包括保护足趾安全鞋、胶面防砸安全鞋、防静电鞋、电绝缘鞋、导电鞋、防刺穿鞋等。

⑦ 躯干防护用品包括防静电工作服、化学防护服、隔热服、阻燃防护服等。

⑧ 护肤用品包括防水型、防油型、遮光型、洁肤型、趋避型护肤剂。

⑨ 坠落防护用品包括安全带（含速差式自控器与缓冲器）、安全网、安全绳。

⑩ 其他劳动防护用品。

二、个人防护用品的正确使用和注意事项

1. 头部防护用品

为防御头部不受外来物体打击和其他因素危害而使用的个人防护用品。

安全帽的帽壳是安全帽的主要构件，一般采用椭圆形或半球形薄壳结构。材质主要有 ABS、PE、玻璃钢等。帽衬是帽壳内直接与佩戴者头顶部接触部件的总称。帽衬可用棉织带、合成纤维带和塑料衬带制成。下颏带是系在下颏上的带子，起到固定安全帽的作用。

(1) 安全帽的防护作用

① 主要保护头部，防止物体打击伤害。

② 防止高处坠落伤害头部。

③ 防止机械性损伤。

④ 防止污染毛发。

(2) 安全帽的使用维护及注意事项

① 选用与自己头型合适的安全帽，帽衬顶端与帽壳内顶必须保持 20～50mm 的空

间，形成一个能量吸收缓冲系统，将冲击力分布在头盖骨的整个面积上，减轻对头部的伤害。

② 必须戴正安全帽，扣好下颚带。

③ 安全帽在使用前，要进行外观检查，发现帽壳与帽衬有异常损伤、裂痕就不能再使用，应当更换新的安全帽。

④ 安全帽如果较长时间不用，则需存放在干燥通风的地方，远离热源，不受日光的直射。

⑤ 安全帽的使用期限：塑料的不超过 2.5 年；玻璃钢的不超过 3 年。到期的安全帽要进行检验测试，符合要求方能继续使用。

2. 呼吸器官防护用品

呼吸器官防护用品是防止有害气体、蒸气、粉尘、烟、雾经呼吸道吸入，或直接向配用者供氧或清净空气，保证作业人员在尘、毒污染或缺氧环境中正常呼吸的防护用具。

(1) 呼吸防护用品分类　呼吸防护用品按照呼吸防护方法可以分为两大类。

① 过滤式是使吸入的气体经过滤料去除污染物质获得较清洁的空气供佩戴者使用。这类产品依靠面罩和人脸呼吸区域的密合提供防护，让使用者只吸入经过过滤的洁净空气，面罩与使用者脸型密合，减少泄漏；保证呼气阀能够正常工作，是这类呼吸器有效防护的重要因素。过滤式面罩没有供气功能，不能在缺氧环境中使用。

② 隔绝式是提供一个独立于作业环境的呼吸气源，通过空气导管、软管或佩戴者自身携带的供气（空气或氧气）装置向佩戴者输送呼吸的气体。隔绝式将使用者呼吸器官与有害空气环境隔绝，从本身携带的气源或导气管引入作业环境以外的洁净空气供呼吸，适用于存在各类空气污染物及缺氧的环境。隔绝式主要使用气瓶、压缩气管道、移动式空压机、送风机进行供气。供气源的新鲜、充足供应以及呼吸面罩的正确使用是保证这类防护用品防护效果的关键因素。

(2) 正压式空气呼吸器的使用

① 使用前检查。

a. 检查呼吸器部件配备是否齐全、器材表面是否清洁、管路有无扭结和损伤、连接部位是否牢靠，所有部件应保持完整好用。

b. 检查气瓶压力是否充足。打开气瓶阀，观察压力表读数，气瓶压力应不小于 25MPa。同时如果 1 分钟内压力值降低不超过 2MPa 且不继续降低，则表明呼吸器系统气密性良好，可以正常使用。

c. 检查报警器是否能正常使用。开启供气阀，放空管道余气。仔细观察压力表，当气瓶压力降到 (5.5±0.5)MPa 时，警报器应再次发出持续警报声响，直到气瓶内压力小于 1MPa 时警报声响才停止，则表明警报器工作正常。

d. 检查空气呼吸器面罩的密封。戴上面罩后，用手按住面罩口处，通过呼气检查面罩密封是否良好。

② 佩戴操作。

a. 佩戴正压式空气呼吸器的气瓶。将气瓶阀向下背上气瓶，通过拉肩带上的自由端调节气瓶的上下位置和肩带松紧，直到感觉舒服为止，扣紧腰带。

b. 佩戴正压式空气呼吸器的面罩。拉开面罩头网，将面罩由上向下戴在头上，调整面罩位置，使下巴进入面罩下面凹形内，调整颈带和头带的松紧。

c. 安装正压式空气呼吸器面罩供气阀。将供气阀上的红色旋钮放在关闭位置（顺时针旋转到头），确认其接口与面罩接口啮合，然后顺时针方向旋转90°，当听到"咔嚓"声时，即安装完毕。

③ 使用结束后整理。作业完毕后，确信已离开受污染或空气成分不明的环境，并已身处充满健康空气的环境中，则可准备卸下呼吸器。

a. 松开头网松紧带，将面罩从面部摘下。关闭气瓶阀，待系统内空气放空。

b. 将供气阀的输入接头从输出接头上卸下。关闭供气阀，并将其从面罩上卸下。

c. 解开腰扣，向上提拉D形环松开肩带，接着将呼吸器从肩背上卸下，把背托平铺放置。松开气瓶扎带，面对气瓶，当气瓶阀朝上时，顺时针旋转手轮，将气瓶从背托上卸下。把呼吸器各组件整理好，盖好防尘帽，妥善放置在器材箱内。

正压式空气呼吸器结构如图1-4所示。

图1-4　正压式空气呼吸器

3. 眼面部防护用品

眼面部防护用品是用于防护一些高速颗粒物冲击、重物撞击以及预防烟雾、粉尘、金属火花和飞屑、热、电磁辐射、激光、化学飞溅等因素，伤害眼睛面部的个人防护用品。

根据防护功能，此类防护用品大致可分为防尘、防水、防冲击、防高温、防电磁辐射、防射线、防化学飞溅、防风沙、防强光九类。

（1）作用

① 防止飞溅物、碎屑、灰沙伤及眼睛和面部。

② 防止化学性物品的伤害。

③ 防止强光、微波、激光和电离辐射等的伤害。

（2）使用注意事项　在进行打磨、切割、钻孔等工作时，必须佩戴防护眼罩，以防止眼睛被飞出的碎片割伤。

4. 耳部防护用品

耳部防护用品是能够防止过量的声能侵入外耳道，使人耳避免噪声的过度刺激，减少听力损伤，预防噪声对人身引起的不良影响的个体防护用品。耳部防护用品主要有耳塞、耳罩和防噪声头盔三大类。

（1）作用　防止耳部受损（当噪声大于 80dB 时需佩戴）。

（2）耳塞使用方法

① 首先，洗干净双手。

② 佩戴右耳时，右手持耳塞并将耳塞搓细。

③ 用左手绕过头后捏住耳朵上方，将右耳向上向外拉起，以打开耳道，耳道打开后，迅速将搓细的耳塞塞入耳道内。

④ 用同样方法佩戴左耳。

⑤ 耳塞佩戴好后，倾听稳态噪声，用双手捂住双耳，然后放开，如果前后声音变化不明显，说明佩戴良好，如果前后声音变化明显，说明耳塞还没有佩戴好，请重新佩戴。

⑥ 用完后取出耳塞时，将耳塞轻轻地旋转拉出。

5. 手部防护用品

具有保护手和手臂的功能，供作业者劳动时佩戴的手套称为手部防护用品。常见的手部防护用品包括机械危害防护手套、防振手套、绝缘手套、防静电手套、化学品防护手套、焊工防护手套、防 X 线手套、防寒手套、耐高温手套等，使用注意事项如下。

① 使用前佩戴者应检查防护手套有无明显缺陷，损坏的防护手套不允许继续使用，出现破损应及时更换。

② 有液密性和气密性要求的手套表面出现不明显的针眼，可以采用充气法将手套膨胀至原来的 1.2～1.5 倍，浸入水中，检查是否漏气。

6. 足部防护用品

足部防护用品是防止生产过程中有害物质和能量损伤劳动者足部的护具，通常称为劳动防护鞋。常见的足部防护用品包括防尘鞋、防水鞋、防寒鞋、防冲击鞋、防静电鞋、防高温鞋、防酸碱鞋、防油鞋、防烫脚鞋、防滑鞋、防穿刺鞋、电绝缘鞋、防震鞋等。

7. 躯干防护用品

躯干防护用品就是通常讲的防护服。根据防护功能，防护服分为防电弧服、防静电服、隔热服、焊接服、阻燃服等。

8. 防坠落用品

防坠落用品是防止人体从高处坠落，通过绳带，将高处作业者的身体系接于固定物体上，或在作业场所的边沿下方张网，以防不慎坠落。

这类用品主要有安全带、安全绳和安全网三种。

三、个人防护用品的维护和保养

① 劳动防护用品具有一定的有效期限（如安全帽有效期限为 2 年）。

② 需定期检查或维护（安全带每 12 个月检查一次）；呼吸面罩的滤盒及滤棉均需定期更换。

③ 需经常清洁保养。
④ 不得任意损坏、破坏劳动防护用品，使之失去原有功效。

实际操作：穿戴使用个人防护用品。

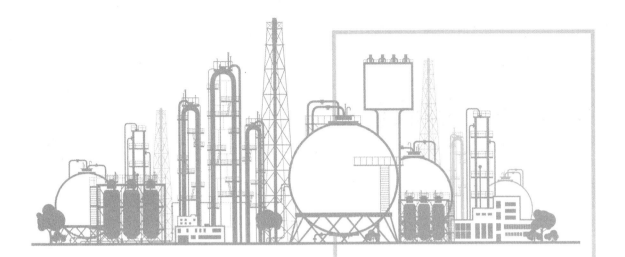

模块二

危险辨识

工业企业在生产作业过程中面临着各种危险有害因素，可能会造成人员受伤、财产损失或者环境破坏。危险辨识是运用系统分析的方法，发现并识别生产工艺、设备设施以及作业环境中存在的各类危险因素，对危险因素进行控制和治理，并持续提升控制手段的方法和过程。

任务一
危险有害因素认知

 学习目标

知识目标:了解危险有害因素产生的原因,造成能量和危险、有害物质失控的原因;掌握危险有害因素分类方法。

能力目标:具备根据有关标准,初步辨识生产过程和作业环境中存在的危险有害因素的能力。

素质目标:培养正确的安全价值观和安全意识。

2019年4月15日,位于山东省的某制药有限公司四车间地下室,在冷媒系统管道改造过程中,发生重大着火中毒事故,造成10人死亡、12人受伤,直接经济损失1867万元。

该公司对动火作业风险辨识不认真,风险管控措施不落实;不了解冷媒增效剂的主要成分,对其危险特性及存在的安全风险认知不够:在该公司四车间地下室管道改造作业过程中,违规动火作业引燃现场堆放的冷媒增效剂,瞬间产生爆燃,放出大量氮氧化物等有毒气体,造成现场施工和监护人员中毒窒息死亡。同时,该公司主体责任落实不到位,改造项目管理不严,外包施工队伍管理缺失,施工承包商对施工人员的教育培训不到位,现场施工人员严重违章,事故应急处置能力严重不足。另外,冷媒增效剂供应商非法生产、销售属于危险化学品的冷媒增效剂,未依法提供冷媒增效剂的安全技术说明书(SDS),导致该公司未能及时了解冷媒增效剂的危险特性。

辨识工作场所危险有害因素。

一、危险有害因素的概念

危险因素是指能对人造成伤亡或对物造成突发性损害的因素。有害因素是指能影响人的身体健康、导致疾病，或对物造成慢性损害的因素。通常情况下，两者并不加以区分而统称为危险有害因素。

所有危险有害因素尽管表现形式不同，但从本质上讲，之所以能造成危险、有害后果（发生伤亡事故、损害人身健康和造成物的损坏等），原因可归结为存在能量、有害物质失去控制两方面的综合作用，导致能量的意外释放或有害物质泄漏、散发。故存在**能量、有害物质失控**是危险有害因素产生的根本原因。

二、化工危险有害因素的类别

1. 按照事故类型分类

参照《企业职工伤亡事故分类》(GB 6441—1986)，综合考虑起因物、引起事故的诱导性原因、致害物、伤害方式等，将危险因素分为20类。

(1) 物体打击　指物体在重力或其他外力的作用下产生运动，打击人体，造成人身伤亡事故，不包括因机械设备、车辆、起重机械、坍塌等引发的物体打击。

(2) 车辆伤害　指企业机动车辆在行驶中引起的人体坠落和物体倒塌、下落、挤压伤亡事故，不包括起重设备提升、牵引车辆和车辆停驶时发生的事故。

(3) 机械伤害　指机械设备运动（静止）部件、工具、加工件直接与人体接触引起的夹击、碰撞、剪切、卷入、绞、碾、割、刺等伤害，不包括车辆、起重机械引起的机械伤害。

(4) 起重伤害　指各种起重作业（包括起重机安装、检修、试验）中发生的挤压、坠落（吊具、吊重）、物体打击等事故。

(5) 触电　触电包括电击、电伤和雷电。

人体与带电体直接接触或人体接近带高压电体，使人体流过超过承受阈值的电流而造成伤害的危险称为电击；带电体产生放电电弧而导致人体烧伤的伤害称为电伤。

雷电事故是由于雷击造成的设备损坏或人员伤亡。雷电也可能导致二次事故的发生。

(6) 淹溺　人体落入水中造成伤害的危险，包括高处坠落淹溺，不包括矿山、井下透水等的淹溺。

(7) 灼烫　指火焰烧伤、高温物体烫伤、化学灼伤（酸、碱、盐、有机物引起的体内外灼伤）、物理灼伤（光、放射性物质引起的体内外灼伤），不包括电灼伤和火灾引起的烧伤。

(8) 火灾　由于火灾而引起的烧伤、窒息、中毒等伤害的危险，包括由电气设备故障、雷电等引起的火灾伤害的危险。

(9) 高处坠落　指在高处作业时发生坠落造成冲击伤害的危险。不包括触电坠落和行驶车辆、起重机坠落的危险。

（10）坍塌　物体在外力或重力作用下，超过自身的强度极限或因结构、稳定性破坏而造成的危险（如脚手架坍塌、堆置物倒塌等）。不包括车辆、起重机械碰撞或爆破引起的坍塌。

（11）冒顶片帮　井下巷道和采矿工作面围岩或顶板不稳定，没有采取可靠的支护，顶板冒落或巷道片帮对作业人员造成的伤害。

（12）透水　井下没有采取防治水措施、没有及时发现突水征兆、发现突水征兆没有及时采取防探水措施或没有及时探水，裂隙、溶洞、废弃巷道、透水岩层、地表露头等积水进入采空区、巷道、探掘工作面，造成井下涌水量突然增大而发生淹井事故。

（13）放炮　爆破作业中所存在的危险。

（14）火药爆炸　火药、炸药在生产、加工、运输、储存过程中发生爆炸的危险。

（15）瓦斯爆炸　井下瓦斯超限达到爆炸条件而发生瓦斯爆炸危险。

（16）锅炉爆炸　锅炉等发生压力急剧释放，冲击波和物体（残片）作用于人体所造成的危险。

（17）容器爆炸　压力容器等发生压力急剧释放，冲击波和物体（残片）作用于人体所造成的危险。

（18）其他爆炸　可燃性气体、粉尘等与空气混合形成爆炸性混合物，接触引爆能源（包括电气火花）发生爆炸的危险。

（19）中毒窒息　化学品中毒、有害气体急性中毒、缺氧窒息、中毒性窒息等危险。

（20）其他伤害　除上述因素以外的一些可能的危险因素，例如体力搬运重物时碰伤、扭伤、非机动车碰撞轧伤、滑倒（摔倒）碰伤、非高处作业跌落损伤、生物侵害等危险。

2. 按照事故的直接原因分类

根据《生产过程危险和有害因素分类与代码》（GB/T 13861—2022），将生产过程中的危险和有害因素分为 4 大类。

（1）人的因素

① 心理、生理性危险和有害因素。包括负荷超限，指易引起体力、视力、听力等的负荷超限；健康状况异常；从事禁忌作业；心理异常；辨识功能缺陷；其他心理、生理性危险。

② 行为性危险、有害因素。包括指挥错误；操作失误；监护失误；其他行为性危险和有害因素。

（2）物的因素

① 物理性危险和有害因素。包括设备、设施缺陷，防护缺陷，电危害，噪声危害，振动危害，电磁辐射，运动物危害，明火，能够造成灼伤的高温物体，能够造成冻伤的低温物体，信号缺陷，标志缺陷，其他物理危险有害因素。

② 化学性危险和有害因素。包括爆炸品，气体，易燃液体，易燃固体、自燃物品和遇湿易燃物品，氧化剂和有机过氧化物，有毒品，腐蚀品，粉尘与气溶胶，其他化学性危险和有害因素。

③ 生物性危险和有害因素。包括致病微生物，传染病媒介物，致害动物，致害植物，其他生物性危险和有害因素。

（3）环境因素

① 室内作业场所环境不良。

② 室外作业场所环境不良。

③ 地下（含水下）作业环境不良。

④ 其他作业环境不良。

(4) 管理因素

① 职业安全卫生组织机构不健全。

② 职业安全卫生责任未落实。

③ 职业安全卫生管理规章制度不完善。

④ 职业安全投入不足。

⑤ 职业健康管理不完善。

⑥ 其他管理因素缺陷。

3. 按照职业健康分类

根据国卫疾控发〔2015〕92号《职业病危害因素分类目录》，将职业病危害因素分为粉尘、化学因素、物理因素、放射性因素、生物因素、其他因素6类。

三、化工危险有害因素辨识方法

1. 直观经验分析方法

直观经验分析方法适用于有可供参考先例、有以往经验可以借鉴的系统，不能应用在没有可供参考先例的新开发系统。

(1) 对照、经验法　对照、经验法是对照有关标准、法规、检查表或依靠分析人员的观察分析能力，借助于经验和判断能力对评价对象的危险有害因素进行分析的方法。

(2) 类比法　类比方法是利用相同或相似工程系统或作业条件的经验和劳动安全卫生的统计资料来类推、分析评价对象的危险有害因素。

(3) 案例法　收集整理国内外相同或相似工程发生事故的原因和后果，相似的工艺条件、设备发生事故的原因和后果，对评价对象的危险有害因素进行分析。

2. 系统安全分析方法

系统安全分析方法是应用系统安全工程评价方法中的某些方法进行危险有害因素的辨识。系统安全分析方法常用于复杂、没有事故经验的新开发系统。常用的系统安全分析方法主要有预先危险性分析、事故树分析、事件树分析、故障类型及影响分析、危险和可操作性分析、工作危害分析方法（JHA）等。

一、根据《企业职工伤亡事故分类标准》的规定，说明某火力发电厂施工现场可能发生的事故类型及其引发因素。

某火力发电厂有6台额定压力为13.72 MPa、额定蒸发量为670t/h的电站锅炉。为保证锅炉启动和稳定燃烧，建有 2 个 500m³ 的轻柴油储罐。为发电机冷却，建有制氢站。制氢站装有 1 套制氢设备和 4 个氢罐，氢罐的工作压力为 3.2 MPa、体积为 13.9m³。

锅炉燃用煤粉由磨煤机加工后，经输粉管道直接进入炉膛。因生产需要，该厂决定对磨煤输粉系统进行改造。改造工程包括：拆除部分距离地面 6m 高的破损输粉管道，更换新管道。在施工中，部分拆除和安装工作在脚手架上进行，使用额定起重量为 5t 的电动葫芦。拆除旧管道时，使用乙炔进行气割。

新管道焊接前，使用角磨机进行抛光。拆除的旧管道和其他旧设备使用叉车运走。施工现场周围有正在使用的动力电缆和高温管道，还有部分未清除的煤粉。

二、根据《生产过程危险和有害因素分类与代码》(GB/T 13861—2022) 的规定，指出某企业玻璃器皿生产车间存在的物的方面的危险有害因素。

某企业玻璃器皿生产车间烧制玻璃溶液的主要装置是玻璃熔化池炉。烧制时，从炉顶部侧面人工加入石英砂（二氧化硅）、烧碱（氢氧化钠）、三氧化二砷等原料，用重油和煤气作燃料烧至 1300~1700℃，从炉底侧面排出玻璃熔液。

玻璃器皿的生产车间厂房为钢筋混凝土框架结构，房顶是水泥预制板。玻璃器皿的生产车间厂房为钢筋混凝土框架结构，房顶是水泥预制板。厂房内有 46t 玻璃熔化池炉 1 座，炉高 6m，炉顶距厂房钢制房梁 1.7m，炉底高出地面 1.5m。煤气调压站距厂房直线距离 15m，重油储罐距厂房直线距离 15m。房内有员工 20 人正在工作。

由于熔化池炉超期服役，造成炉顶内拱耐火砖损坏，烈焰冲出炉顶近 1m，炉两侧的耐火砖也已变形，随时有发生溃炉的可能。

任务二
编制安全检查表

 学习目标

知识目标：掌握安全检查表的编制方法。
能力目标：了解有关法律、法规、标准、规范，具备编制常规安全检查表的能力。
素质目标：培养正确的安全价值观、安全意识和团队合作精神。

编制安全检查表。

安全检查表（safety check list，SCL）就是一份进行安全检查的问题清单。它是一种基于经验的方法，由一些有经验，并且对工艺过程、机械设备和作业情况熟悉的人员，事先对检查对象进行详细分析、充分讨论，列出检查项目和检查要点并编制成表，在系统安全设计和安全检查时，按照表中已定的项目和要求进行检查和诊断，逐项分析和落实，保证系统安全。

一、安全检查表的编制依据

① 国家、地方的相关安全法规、规定、规程、规范和标准，行业、企业的规章制度、标准及企业安全生产操作规程。

② 国内外行业、企业事故统计案例，经验教训。

③ 行业及企业安全生产的经验,特别是本企业安全生产的实践经验,引发事故的各种潜在不安全因素及成功杜绝或减少事故发生的成功经验。

④ 系统安全分析的结果,即为防止重大事故的发生而采用事故树分析方法,对系统进行分析得出能引发事故的各种不安全因素的基本事件,作为防止事故控制点源列入检查表。

二、安全检查表的类型

为了使安全检查表分析法的评价能得到系统安全程度的量化结果,有关人员开发了许多行之有效的评价计值方法,根据评价计值方法的不同,常见的安全检查表有否决型检查表、半定量检查表和定性检查表三种类型。

1. 否决型检查表

否决型检查表是给定一些特别重要的检查项目作为否决项,只要这些检查项目不符合,则将该系统总体安全状况视为不合格,检查结果就为"不合格"。这种检查表的特点就是重点突出。

《危险化学品经营单位安全评价导则》中"危险化学品经营单位安全评价现场检查表"属于此类型检查表,见表2-1。

表 2-1 危险化学品经营单位安全评价现场检查表(部分)

项目	检查内容	类别	事实记录	结论
一 安全管理制度	1. 有各级各类人员的安全管理责任制	A		
	2. 有健全的安全管理(包括教育培训、防火、动火、用火、检修、废弃物处理)制度,经营剧毒化学品的需有剧毒化学品的管理内容(包括剧毒物品的"两双"制等)	A		
	3. 有完善的经营、销售(包括采购、出入库登记、验收、发放)管理制度,经营剧毒化学品的需有剧毒化学品的管理内容(包括销售剧毒化学品的登记和查验准购证等)	A		
	4. 建立安全检查(包括巡回检查、夜间和节日间值班)制度	B		
	5. 有符合国家标准的仓储物品养护制度	B		
	6. 有各岗位(包括装卸、搬运、劳动保护用品的佩戴和防火花工具使用)安全操作规程	A		
	7. 建立事故应急救援预案,内容一般包括:应急处理组织与职责、事故类型和原因、事故防范措施、事故应急处理原则和程序、事故报警和报告、工程抢险和医疗救护、演练等	B		
二 安全管理组织	1. 有安全管理机构或者配备专职安全管理人员;从业人员在10人以下的,有专职或兼职安全管理人员;个体工商户可委托具有国家规定资格的人员提供安全管理服务	A		
	2. 大中型仓库应有专职或义务消防队伍,制定灭火预案并经常进行消防演练	B		
	3. 仓库应确定一名主要领导人为安全负责人,全面负责仓库安全管理工作	B		

续表

项目	检查内容	类别	事实记录	结论
三 从业人员要求	1. 单位主要负责人和安全管理人员经县级以上地方人民政府安全生产监督管理部门考核合格,取得上岗资格	A		
	2. 其他从业人员经本单位专业培训或委托专业培训,并经考核合格,取得上岗资格	B		
	3. 特种作业人员经有关监督管理部门考核合格,取得上岗资格	A		
四 仓储场所要求	1. 从事批发业务的单位应有公安消防部门验收合格的专用仓库(自有或租用)。所经营的危险化学品不得放在业务经营场所	A		
	2. 零售业务的店面与繁华商业区或居住人口稠密区的距离在500m以上。店面经营面积(不含库房)应不小于60m^2。在市场租用的店面可不小于20m^2	B		
	3. 零售业务的店面内不得设有生活设施;只许存放民用小包装的危险化学品,其存放总质量不得超过1t,禁忌物料不能混放;综合性商场(含建材市场)所经营的危险化学品应专柜存放	B		
	4. 零售业务的店面与存放危险化学品的库房(或罩棚)应有实墙相隔。单一品种存放量不能超过500kg,总质量不能超过2t	B		
	5. 零售业务店面的备货库房经公安消防部门验收合格	A		
	6. 大型仓库(库房或货场总面积大于9000m^2)、中型仓库(库房或货场总面积在550~9000m^2之间)应在远离市区和居民区的主导风向的下风向和河流下游的地域	B		
	7. 大中型仓库应与周围公共建筑物、交通干线、工矿企业等的距离应至少1000m	B		
	8. 大中型仓库内应设库区和生活区,两区之间应有高2m以上的实体围墙,围墙与库区内建筑的距离不宜小于5m,并应满足围墙两侧建筑物之间的防火距离要求	B		
	9. 小型仓库(小型仓库的库房或货场总面积小于550m^2)的要求与"本栏第4、5条"相同	B		
五 仓库建筑要求	1. 建筑物经公安消防部门验收合格	A		
	2. 库房耐火等级、层数、占地面积、安全通道和防火间距,甲、乙、丙类液体储罐、堆场的布置和防火间距,可燃、助燃气体储罐的防火间距,液化石油气储罐的布置和防火间距,易燃、可燃材料的露天、半露天堆场的布置和防火间距,仓库、储罐区、堆场的布置及与铁路、道路的防火间距,应符合《建筑设计防火规范》(GB 50016—2014,2018年版)第四章的要求	B		
	3. 库房门应为铁质或木质外包铁皮,采用外开式。设置高侧窗(剧毒物品仓库的窗户应设铁护栏)	B		
	4. 毒害品、腐蚀性物品库房的耐火等级不低于二级	B		
	5. 甲、乙类库房内不准设办公室、休息室。设在丙、丁类库房内的办公室、休息室,应采用耐火极限不低于2.5h的不燃烧隔墙和1h的楼板分隔开,其出口应直通室外或疏散通道	B		
	6. 对于易产生粉尘、蒸汽、腐蚀性气体的库房,应有密闭的防护措施。剧毒物品的库房应有机械通风排毒设备	B		
	7. 库房的采暖、通风和空气调节应符合《建筑设计防火规范》(GB 50016—2014,2018年版)第九章的要求	A		

续表

项目	检查内容	类别	事实记录	结论
五 仓库建筑要求	8. 库房采暖,应采用水暖,不得使用蒸汽采暖和机械采暖,其散热器、供暖管道与储存物品的距离不小于0.3m。采暖管道和设备的保温材料应采用非燃烧材料	B		
六 消防与电气设施	1. 仓库的消防给水和灭火设备符合《建筑设计防火规范》(GB 50016—2014,2018年版)第八章的规定	A		
	2. 仓库的消防设施、器材有专人管理。消防器材设置在明显和便于取用的地点,周围不准放物品和杂物	A		
	3. 危险化学品仓库有消防报警装置,有供对外报警、联络的通信设备	A		
	4. 仓库应设置醒目的防火、禁止吸烟和禁止动用明火标志	B		
	5. 仓库的电气设备符合《建筑设计防火规范》(GB 50016—2014,2018年版)第十章的规定	A		
	6. 甲、乙类物品库房设置的电瓶车、铲车是防爆型的	B		
	7. 库房内不准设置移动式照明灯具,不准设置电炉、电烙铁、电熨斗等电热器具和电视机、电冰箱等家用电器	B		
	8. 散发可燃气体、可燃蒸气的甲类场所,有可燃气体浓度检测报警仪	B		
	9. 仓库有符合国家标准《建筑物防雷设计规范》规定的防雷装置	A		

注:1. 类别栏标注"A"的,属否决项。类别栏标注"B"的,属非否决项。
2. 根据现场实际确定的检查项目全部合格的,为符合安全要求。
3. A项中有一项不合格,视为不符合安全要求。
4. B项中有5项以上不合格的,视为不符合安全要求,少于5项(含5项)为基本符合安全要求。
5. 对A、B项中的不合格项,均应整改,但整改后必须由评价机构认定,达到要求也应视为合格,并修改评价结论。

2. 半定量检查表

半定量检查表是给每个检查项目设定分值,检查结果以总分表示,根据分值划分评价等级。这种检查表的特点是可以对检查对象进行比较。但对检查项目准确赋值比较困难。例如建筑施工安全分项检查评分表,见表2-2。

表2-2 建筑施工安全分项检查评分表

序号	检查项目		扣分标准	应得分数	扣减分数	实得分数
1	保证项目	安全生产责任制	未建立安全生产责任制扣10分 安全生产责任制未经责任人签字确认扣3分 未制定各工种安全技术操作规程扣10分 未按规定配备专职安全员扣10分 工程项目部承包合同中未明确安全生产考核指标扣8分 未制定安全资金保障制度扣5分 未编制安全资金使用计划及实施扣2~5分 未制定安全生产管理目标(伤亡控制、安全达标、文明施工)扣5分 未进行安全责任目标分解的扣5分 未建立安全生产责任制、责任目标考核制度扣5分 未按考核制度对管理人员定期考核扣2~5分	10		

续表

序号	检查项目		扣分标准	应得分数	扣减分数	实得分数
2	保证项目	施工组织设计	施工组织设计中未制定安全措施扣10分 危险性较大的分部分项工程未编制安全专项施工方案，扣3～8分 未按规定对专项方案进行专家论证扣10分 施工组织设计、专项方案未经审批扣10分 安全措施、专项方案无针对性或缺少设计计算扣6～8分 未按方案组织实施扣5～10分	10		
3		安全技术交底	未采取书面安全技术交底扣10分 交底未做到分部分项扣5分 交底内容针对性不强扣3～5分 交底内容不全面扣4分 交底未履行签字手续扣2～4分	10		
4		安全检查	未建立安全检查(定期、季节性)制度扣5分 未留有定期、季节性安全检查记录扣5分 事故隐患的整改未做到定人、定时间、定措施扣2～6分 对重大事故隐患通知书所列项目未按期整改和复查扣8分	10		
5		安全教育	未建立安全培训、教育制度扣10分 新入场工人未进行三级安全教育和考核扣10分 未明确具体安全教育内容扣6～8分 变换工种时未进行安全教育扣10分 施工管理人员、专职安全员未按规定进行年度培训考核扣5分	10		
6		应急预案	未制定安全生产应急预案扣10分 未建立应急救援组织、配备救援人员3～6分 未配置应急救援器材扣5分 未进行应急救援演练扣5分	10		
		小计		60		
7	一般项目	分包单位安全管理	分包单位资质、资格、分包手续不全或失效扣10分 未签订安全生产协议书扣5分 分包合同、安全协议书，签字盖章手续不全扣2～6分 分包单位未按规定建立安全组织、配备安全员扣3分	10		
8		特种作业持证上岗	一人未经培训从事特种作业扣4分 一人特种作业人员资格证书未延期复核扣4分 一人未持操作证上岗扣2分	10		
9		生产安全事故处理	生产安全事故未按规定报告扣3～5分 生产安全事故未按规定进行调查分析处理，制定防范措施扣10分 未办理工伤保险扣5分	10		
10		安全标志	主要施工区域、危险部位、设施未按规定悬挂安全标志扣5分 未绘制现场安全标志布置总平面图扣5分 未按现场设施的改变调整安全标志设置扣5分	10		
		小计		40		
	检查项目合计			100		

3. 定性检查表

定性检查表是罗列检查项目并逐项检查，检查结果以"是""否"或"不适用"表示，检查结果不能量化，但应作出与法律、法规、标准、规范中具体条款是否一致的结论。这种检查表的特点是编制相对简单，通常作为企业安全综合评价或定量评价以外的补充性评价。

三、安全检查表的编制步骤

编制安全检查表时应符合以下程序。

（1）确定人员　要编制一个符合客观实际，能全面识别系统危险性的安全检查表，首先要建立一个编制小组，其成员包括熟悉系统的各方面人员。

（2）熟悉系统　包括系统的结构、功能、工艺流程、操作条件、布置和已有的安全卫生设施。

（3）收集资料　收集有关安全法律、法规、规程、标准、制度及本系统过去发生的事故资料，作为编制安全检查表的依据。

（4）判别危险源　按功能或结构将系统划分为子系统或单元，逐个分析潜在的危险因素。

（5）列出安全检查表　针对危险因素有关规章制度、以往的事故教训以及本单位的经验，确定安全检查表的要点和内容，然后按照一定的要求列出表格。

四、应用实例

以××公司新建氧气空分装置验收评价中压力容器安全检查表为例（见表2-3），说明安全检查表的使用情况。

表2-3　压力容器安全检查表

序号	检查项目及内容	评价依据	检查记录	检查结果	备注
1	压力容器使用单位应当按照《特种设备使用管理规则》的有关要求，对压力容器进行安全管理，设置安全管理机构，配备安全管理负责人、安全管理人员和作业人员，办理使用登记，建立各项安全管理制度，制定操作规程，并且进行检查	《固定式压力容器安全技术监察规程》（TSG 21—2016）第7.1.1条	配备有安全管理负责人、安全管理人员和作业人员，办理了使用登记，建立有安全管理制度，制定有操作规程，并能进行检查	符合	
2	使用单位应当按规定在压力容器投入使用前或投入使用后30日内，向所在地负责特种设备使用登记的部门申请办理"特种设备使用登记证"	《固定式压力容器安全技术监察规程》第7.1.2条	已按要求办理"特种设备使用登记证"，见附件资料	符合	
3	压力容器的使用单位，应当在工艺操作规程和岗位操作规程中，明确提出压力容器安全操作要求。操作规程至少包括以下内容：①操作工艺参数（含工作压力、最高或者最低工作温度）；②岗位操作方法（含开、停车的操作程序和注意事项）；③运行中重点检查的项目和部位，运行中可能出现的异常现象和防止措施，以及紧急情况的处置和报告程序	《固定式压力容器安全技术监察规程》第7.1.3条	已建立工艺安全操作规程	符合	

续表

序号	检查项目及内容	评价依据	检查记录	检查结果	备注
4	使用单位应当建立压力容器装置巡检制度,并且对压力容器本体及其安全附件、装卸附件、安全保护装置、测量调控装置、附属仪器仪表进行经常性维护保养,对发现的异常情况及时处理并且记录,保证在用压力容器始终处于正常使用状态	《固定式压力容器安全技术监察规程》第7.1.4条	建立有巡回检查制度,对发现的异常情况有及时处理记录	符合	
5	特种设备使用单位设置特种设备安全管理机构,配备相应的安全管理人员和作业人员,建立人员管理台账,开展安全与节能培训教育,保存人员培训记录	《特种设备使用管理规则》第2.2条第2款	设置有特种设备管理机构,配备有相应安全管理人员和作业人员,建立人员台账,保存有人员培训记录	符合	
6	特种设备作业人员应当取得相应的特种设备作业人员资格证书	《特种设备使用管理规则》第2.4.4.1条	特种设备作业人员取得相应的特种设备作业人员资格证书	符合	
7	使用单位应当保证压力容器使用前已经按照设计要求装设超压泄放装置(安全阀或爆破片装置)	《固定式压力容器安全技术监察规程》第9.1.2条	压力容器上装有安全阀	符合	
8	超压泄放装置应当安装在压力容器液面以上的气相空间部分,或者安装在与压力容器气相空间相连的管道上;安全阀应铅直安装;超压泄放装置与压力容器之间一般不宜安装截止阀门;新安全阀应当校验合格后才能安装使用	《固定式压力容器安全技术监察规程》第9.1.3条	安全阀铅直安装,经过检验有铅封,安全阀与容器之间无截止阀	符合	
9	选用的压力表,应当与压力容器内的介质相适应;设计压力小于1.6MPa压力容器使用的压力表的精度不得低于2.5级,设计压力大于或者等于1.6MPa压力容器使用的压力表的精度不得低于1.6级;压力表盘刻度极限值应当为最大允许工作压力的1.5~3.0倍。压力表安装前应当进行检定,在刻度盘上应当划出指示工作压力的红线,注明下次检定日期,压力表检定后应当加铅封。压力表与压力容器之间,应当装设三通旋塞或者针形阀(三通旋塞或者针形阀上应当有开启标志和锁紧装置),并且不得连接其他用途的任何配件或接管	《固定式压力容器安全技术监察规程》第9.2.1条	压力表的选择、安装符合规程要求,并经校验、有铅封,部分压力表未标注最高工作压力红线	不符合	

编制安全检查表,两个题目任选其一完成即可。
(1) 宿舍安全用电安全检查表
(2) 宿舍安全通道安全检查表

任务三
危险与可操作性分析

 学习目标

知识目标：了解危险与可操作性研究（HAZOP）的分析步骤，掌握 HAZOP 常用的引导词。
能力目标：具备编制简单 HAZOP 的能力。
素质目标：培养正确的安全价值观、安全意识和团队合作意识。

某公司乙烯厂裂解装置经过排查，判断裂解气压缩机 K-201 四段出口放火炬调节控制阀（PV-12004）可能有内漏，操作人员到压缩机房外平台调试 PV-12004 仪表调节阀，为防止裂解气向火炬大量排放造成分离区进料中断停工，操作人员关闭了消音器后手阀，在调试阀杆行程达到 50% 后，10-L-203 消音器突然发生爆裂着火事故，造成两人当场死亡，三人轻度烧伤。K-201 四段出口流程图如图 2-1 所示。

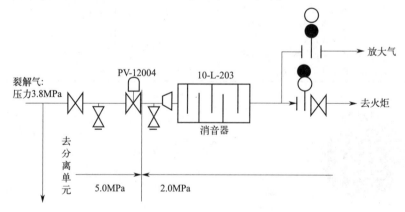

图 2-1　某公司裂解气压缩机 K-201 四段出口流程示意图

通过分析可知，事故发生的最根本原因是设计人员从高压至低压部位的压力等级变化划分失误，造成设备、管线等压力等级选择过低而引起超压爆炸。

正如美国杜邦公司广为人知的那句口号所说,"可以发现的问题就可以得到控制和管理。任何工业事故都是可以避免的。"但是前提需要我们发现问题,而 HAZOP 分析方法恰恰是一种用于辨识设计缺陷、工艺过程危害及操作性问题的结构化、系统化的分析方法。

说明 HAZOP 法有何特点?HAZOP 法引导词有哪些?HAZOP 法常见的节点有哪些?并针对特定工艺,完成 HAZOP 分析。

危险与可操作性研究(hazard and operability study,HAZOP)是英国帝国化学工业公司(ICI)针对化工装置开发的一种危险性评价方法。

危险与可操作性研究的基本过程是以引导词为引导,找出系统中工艺过程的状态参数(如温度、压力、流量等)的变化(即偏差),然后再继续分析造成偏差的原因、后果及可以采取的对策。通过危险与可操作性研究的分析,能够探明装置及过程存在的危险有害因素,根据危险有害因素导致的后果,明确系统中的主要危险有害因素。

一、HAZOP 术语

1. 分析节点

在开展 HAZOP 分析时,通常将复杂的工艺系统分解成若干"子系统",每个子系统称作一个"节点"。划分的目的是便于一部分一部分地进行 HAZOP 分析;在节点内找偏离,通过偏离挖掘事故场景。

划分节点的方法有很多种:①以工艺介质流向为核心,每一工艺介质为一个节点;②以设备(比如储罐、塔、反应器、压缩机等)为中心,且设备组合,将管线按照一定的规则划入,设备的附件可划入同一节点,以形成一个完整的工艺节点;③以工艺单元为核心,以一张或多张 P&ID 图为节点。

2. 引导词

用于定性或定量涉及工艺指标的简单术语(词语),引导识别工艺过程的危险。常见的HAZOP 引导词见表 2-4。

表 2-4 HAZOP 引导词

引导词	意义	说明
没有(否)	完全实现不了设计或操作规定的要求	未发生设计上所要的事件,如没有物料输入(流量为零)或温度、压力无显示等
多(过大)	比设计规定的标准值数量增大或提前到达	如温度、压力、流量比规定值要大,或对原有活动,如"加热"和"反应"的增加
少(过小)	比设计规定的标准值小或滞后到达	如温度、压力、流量比规定值要小,或对原有活动,如"加热"和"反应"的减少
多余(以及)	在完成规定功能的同时,伴有其他(多余)事件发生	如同时对几个反应容器供料,有一个或几个获得过多物料
部分(局部)	只能完成规定功能的一部分	如物料某种成分在输送过程中消失或同时对几个反应容器供料,有一个或几个没有获得物料
相反(反向)	出现与设计或操作要求相反的事件和物	如发生反向输送或逆反应等
其他(异常)	出现了不同的事和物	发生了异常的事或状态,完全不能达到设计或操作标准的要求

3. 工艺参数

与过程相关的物理和化学特性,包括概念性的项目(如反应、混合、浓度、pH 值)及具体项目(如温度、压力、相数及流量等)。

4. 偏差

"工艺参数+引导词"即为偏差。偏差是引导小组开展 HAZOP 分析的引子。

5. 原因

原因指引起偏差的一切可能原因,必须是具体的,尽量不要是笼统的原因。

初始原因一般分为三大类:设备因素(阀门失效、管线破裂、泄漏);人员因素(没有明确的操作规程造成人员操作不当);环境因素(未考虑超出设计基础的外部环境,如异常天气)。

6. 后果

后果是指偏离所导致的结果(不利后果),偏离设计意图时导致的结果。分析后果时,分析团队应首先忽略现有的安全措施(例如:报警、停车、放空等),假设安全措施失效,在这个前提下分析事故场景可能出现的最严重后果。

7. 安全措施

安全措施或称现有安全措施、现有防护措施,是指当前设计、已经安装的设施或管理实践中已经存在的安全措施。它是防止事故发生或减轻事故后果的工程措施或管理措施。

8. 建议措施

建议措施是指所提议的消除或控制危险的措施。HAZOP 分析过程中,如果现有安全措施不足以将事故场景的风险降低到可以接受的水平,HAZOP 分析团队应提出必要的建议降低风险。

二、HAZOP 分析流程

HAZOP 分析方法可按分析准备、完成分析、编制分析结果报告 3 个步骤进行。

1. 分析准备

(1) 确定分析的目的、对象和范围　分析的目的、对象和范围必须尽可能明确。分析对象通常是由装置或项目的负责人确定的，并得到 HAZOP 分析组的组织者的帮助。应当按照正确的方向和既定目标开展分析工作，而且要确定应当考虑到哪些危险后果。例如，如果要求 HAZOP 分析确定装置建在什么地方才能使其对公众安全的影响减到最小，这种情况下，HAZOP 分析应着重分析偏差所造成的后果对装置界区外部的影响。

(2) 成立 HAZOP 分析组　分析组的组织者应当负责组成有适当人数且有经验的 HAZOP 分析组，一般 6~8 人的分析组是比较理想的。如果分析组规模太小，则会由于参加人员的知识和经验的限制，导致可能得不到高质量的分析结果。分析组成员如下。

① 主席、秘书：应具备丰富的工业安全、危害及可操作性分析经验（必备）。
② 设计工程师：熟悉工艺设计、仪表联锁、设计规范（选择性）。
③ 工艺工程师：熟悉装置流程、生产线（必备）。
④ 设备工程师：熟悉装置设备、操作（必备）。
⑤ 仪表工程师：熟悉仪表设备性能及操作（选择性）。
⑥ 安全工程师：了解安全标准、法规、安全管理等（选择性）。
⑦ 其他专业人员：电气工程师、维修工程师、生产调度等（选择性）。

这些组成人员来自项目业主、项目设计单位、项目运行单位、技术服务单位等。

(3) 所要获取的必要资料　最重要的资料就是各种图纸，包括 P&ID 图（管道及仪表流程图）、P&FD 图（工艺流程图）、布置图等。此外，还包括操作规程、仪表控制图、逻辑图、计算机程序，有时还应提供装置手册和设备制造手册。

(4) 将资料变成适当的表格并拟定分析顺序　此阶段所需时间与过程的类型有关。对连续过程，工作量相对较小。对照图纸确定分析节点，并制订详细的计划。

(5) 安排会议次数和时间　一旦有关数据和图纸收集整理完毕，组织者开始着手制订会议计划。首先需要确定会议所需时间，一般来说每个分析节点平均需 20~30min。若某容器有 2 个进口，2 个出口，1 个放空点，则需要 3h 左右；另外一种方法是分析每个设备，需要 2~3h。

最好把装置划分成几个相对独立的区域，每个区域讨论完毕后，会议组做适当休整，再进行下一区域的分析讨论。分析大型装置或工艺过程，评价人员可能需要花费的时间相对较多。

2. 完成分析

(1) 选取分析节点　分析节点由 HAZOP 主席确定，可以在 HAZOP 分析会之前划分，也可以在开会时当场划分。一般参会人员都没有异议。分析节点要标在大号的 P&ID 图纸上。

(2) 检查并确认设计目的　由工艺工程师简短解释每一个节点的设计意图（目的）。解释时要简洁明了，解释清楚工艺过程即可。在介绍过程中可以随时回答参会者提出的一些问题。要特别注意介绍不同操作工况下的设计意图。HAZOP 记录员要记录节点的设计意图。

(3) 选择一个参数或要素　一般从最常见的工艺参数开始，如流量、温度、压力等，还有相关要素（过程变量）。

(4) 对工艺参数运用引导词以产生有意义的偏差　由工艺参数和引导词组合形成偏差，

如"流量"+"低"形成"流量低"的偏差。

（5）分析可信的产生偏差的原因　这项工作需要发挥团队的知识和经验。尽管HAZOP分析是一个"头脑风暴"的讨论过程，但分析小组仍然要寻找可信的原因。

（6）检查与偏差有关的所有事故后果（假设所有保护失效）　一个偏差造成的最终事故后果一般包括人身伤害、财产损失、环境破坏、声誉等几种。从安全角度讲，人身伤害的后果是需要特别关注的。

（7）分析已经存在的预防和减缓偏差的安全防护措施　在分析现有安全措施时，分析团队应关注可能出现的最严重的后果，针对最恶劣的事故场景，进而分析已经存在的有效的安全措施。现有安全措施应是实际投用或执行的措施。

安全措施应独立于产生偏差的原因。安全措施的识别：在P&ID图上，对照"洋葱模型"，由里到外一层一层地进行识别。

（8）基于后果、原因和预防措施评价风险是否可以接受　评估风险等级是HAZOP分析的重要环节，因为团队要判断现有安全措施是否充分，是否能将风险降低到可接受水平。如果认为现有安全措施已经把风险降低到可接受水平，危险场景分析到此结束；如果认为现有安全措施不能把风险降低到可接受水平，那么分析团队要提出一系列建议措施。进行HAZOP分析最常用的工具是风险矩阵。

3. 编制分析结果报告

分析记录是HAZOP分析的一个重要组成部分，应根据分析讨论过程提炼出恰当的结果，不可能把会议上说的每一句话都记录下来，但是必须记录所有重要的意见。有些分析人员为了减少编制分析文件的精力，对那些不会产生严重后果的偏差不予深究或不写入文件中，但一定要慎重。也可举行分析报告审核会，让分析组对最终报告进行审核和补充。通常，HAZOP分析会议以表格形式记录，见表2-5。

表2-5　HAZOP分析记录

分析人员：			图纸号：		
会议日期：			版本号：		
序号	偏差	原因	后果	安全措施	建议措施
分析节点或操作步骤说明，确定设计工艺指标					

三、应用案例

物料A和物料B通过泵连续地从各自的供料罐输送至反应器，在反应器中反应并生成产品C。假定为了避免爆炸危险，在反应器中A总是多于B。该装置中待分析的部分用粗线条表示。工艺路线图如图2-2所示。

将引导词用于工艺参数，对物料A的进料管线进行分析。

（1）分析节点　连接反应器的物料A进料管线。

（2）设计工艺指标　为了避免爆炸危险，在反应器中物料A总多于物料B。

（3）引导词　没有。

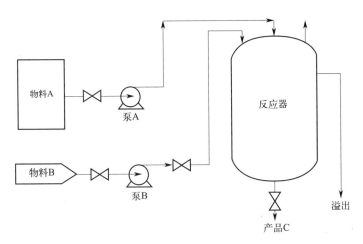

图 2-2 工艺路线图

(4) 工艺参数 流量。
(5) 偏差 没有＋流量＝无流量。
(6) 后果 ①没有 A 流入反应器；②爆炸。
(7) 原因 ①A 供料罐是空的；②泵 A 停止；③管路堵塞，储槽中无原料。
(8) 安全保护 无。
(9) 建议措施 ①安装低液位报警器及流量报警器；②联锁停泵 B。

将该过程的其他节点用"引导词＋工艺参数"的分析结果记录到 HAZOP 分析表中，见表 2-6。

表 2-6 HAZOP 分析结果示例

偏差	原因	后果	安全措施	建议措施
无流量	1. A 供料罐是空的 2. 泵 A 停止 3. 管路堵塞	没有 A 流入反应器；爆炸	无	安装低液位报警器及流量报警器，以及联锁停泵 B

针对应用案例，尝试完成表 2-7。

表 2-7 HAZOP 分析结果

偏差	原因	后果	安全措施	建议措施
高流量				
低流量				
反向流动				

任务四
工作安全分析

 学习目标

知识目标：了解工作安全分析（JSA）的适用范围，掌握 JSA 的分析步骤。
能力目标：具备工作安全分析的能力。
素质目标：培养正确的安全价值观、安全意识和团队合作意识。

如何进行工作安全分析？如何划分 JSA 工作步骤？针对动火作业完成工作安全分析。

工作安全分析（job safety analysis，JSA），又称作业安全分析，是针对某一项具体作业进行步骤分解、风险识别进而采取控制措施的一种安全管理方法，是控制作业过程中危险的有效工具。实施 JSA 能够识别作业中潜在的危害，确定相应的预防与控制措施，提供适当的个体防护装置，以防止事故的发生，防止人员受到伤害。

一、工作安全分析方法的适用范围

工作前安全分析仅适用于以下作业：
① 新的作业；
② 非常规性（临时）的作业；
③ 承包商作业；

④ 改变现有的作业；
⑤ 评估现有的作业。

但以下情况不适用 JSA，需要用其他专门的方法和程序进行危害分析：
① 危害/风险明确且已被清楚了解的作业；
② 已经有岗位标准操作程序的作业；
③ 需要用其他专门的方法进行危害分析的作业；
④ 与工艺安全管理有关的危害识别和风险控制；
⑤ 其他专业领域，如消防安全、人机工程、职业病等。

二、工作安全分析方法的管理流程

1. 工作任务审查

现场作业人员均可提出需要进行 JSA 的工作任务。基层人员根据作业类别，提出进行工作前安全分析的申请。基层单位负责人对工作任务初步审查，确定工作内容，判断是否需要做 JSA。进行工作任务审查的目的是确定是否要进行工作前安全分析。审查依据是工作安全分析的适用范围。

若初步审查判断出的工作任务风险无法接受，则应停止该工作任务，或者重新设定工作任务内容。一般情况下，新工作任务（包括以前没做过 JSA 的工作任务）在开始前均应进行 JSA。初始的 JSA 可以在办公室以桌面练习的形式进行，其关键是应由熟悉现场作业和设备的、有经验的人员进行。以前做过分析或已有操作规程的工作任务可以不再进行 JSA，但应审查以前的 JSA 或操作规程是否有效，如果存在疑问，应重新进行 JSA。

2. 实施 JSA

（1）成立 JSA 小组　工作任务初步审查确认要进行 JSA 后，基层单位负责人制订相应的 JSA 计划，并指定 JSA 小组组长，通常由班组长担任，必要时由技术或设备负责人担任。JSA 小组组长根据工作任务确定小组成员，选择熟悉 JSA 方法的管理、技术、安全、操作人员组成小组。小组成员应了解工作任务及所在区域环境、设备和相关的操作规程。

（2）进行工作前安全分析　对作业内容进行危害因素辨识、风险评价、风险控制措施的确定和实施。

3. 作业许可和风险沟通

做完工作前安全分析，需要办理作业许可证的作业活动，作业前应获得相应的作业许可，才可开展工作。作业前应针对 JSA 结果与参与工作任务的每个人进行有效的沟通，确保操作程序和风险削减措施的落实。

4. 作业现场监护

对需要办理许可证的作业，应指定相应的监护人，负责整个作业过程的监护，监护内容主要有：①要注意作业人员的变化；②作业场所出现的新情况；③未识别出的危害因素。对无作业许可要求的作业，应由 JSA 小组组长或其指定人员对作业过程进行巡查。

如果作业过程中出现新的危害或发生未遂事件、事故，应首先停止作业任务，JSA 小组应立即审查先前的 JSA，重新进行 JSA。

5. 总结反馈

由执行生产任务的班组或人员对本次作业进行总结回顾。主要针对 JSA 的可靠性、风险削减措施的有效性及生产过程的安全性进行总结，必要时提出反馈意见。

三、工作安全分析的步骤

1. 把工作分解成具体工作任务或步骤

按照工作顺序把一项作业分成几个步骤，每一步骤要具体而明确，简明扼要说明做什么。工作任务步骤划分宜控制在 10～15 步，对每个步骤应进行唯一编号。

2. 观察工作的流程，识别每一步骤的危害因素

参考 GB/T 13861—2022《生产过程危险和有害因素分类与代码》和 GB 6441—1986《企业职工伤亡事故分类》，识别各个步骤的潜在事故及其危害因素。对于基层作业人员，可以采用经验法，先识别出潜在事故，再识别各个事故的危害因素。

3. 评估风险

本步骤的目的是评价已经识别出的各种事故的原始风险值和采取措施后的风险值，风险评价可选择风险矩阵法或 LEC 法。应注意风险评价不应少于两次，一次是评价原始风险值，然后分别评价采取不同风险削减措施后的风险值，直至风险值低于可接受风险值。

风险矩阵（表 2-8）可以分为四个风险矩阵区，蓝色区域为低风险区，黄色区域为中风险区，橙色区域为高风险区，红色区域为严重高风险区。经过评估，如果风险值确定在黄色区域、橙色区域和红色区域，则应考虑在确保现有安全控制措施可靠有效的基础上，增加防控措施和应急救援措施，确保在工艺、设备等基本的防护层失效后，危险能量不会危及人身安全或造成事故扩大。

表 2-8 风险矩阵

	1	2	3	4	5	6	7	8
	类似的事件没有在石油石化行业发生过,且发生的可能性很低	类似的事件没有在石油石化行业发生过	类似事件在石油石化行业发生过	类似的事件在中国石油石化行业曾经发生过	类似的事件发生过或者可能在多个相似设备设施的使用寿命中发生过	在设备设施的使用寿命内可能发生 1 次或 2 次	在设备设施的使用寿命内可能发生多次	在设备设施中经常发生（至少每年发生 1 次）
后果等级	$<10^{-6}$/年	$10^{-6}\sim10^{-5}$/年	$10^{-5}\sim10^{-4}$/年	$10^{-4}\sim10^{-3}$/年	$10^{-3}\sim10^{-2}$/年	$10^{-2}\sim10^{-1}$/年	$10^{-1}\sim1$/年	$\geqslant 1$/年
A	1	1	2	3	5	7	10	15
B	2	2	3	5	7	10	15	23
C	2	3	5	7	11	16	23	35
D	5	8	12	17	25	37	55	81
E	7	10	15	22	32	46	68	100
F	10	15	20	30	43	64	94	138
G	15	20	29	43	63	93	136	200

续表

后果等级	健康和安全影响(S/H)	财产损失影响(F)	非财务性影响与社会影响(E)
A	轻微影响的健康/安全事故:①需急救处理或医疗处理,但不需住院,不会因事故伤害损失工作日;②短时间暴露超标,引起身体不适,但不会造成长期健康影响	事故直接经济损失在10万元以下	能够引起周围社区少数居民短期内不满、抱怨或投诉(如抱怨设施噪声超标)
B	中等影响的健康/安全事故:①因事故伤害损失工作日;②1~2人轻伤	直接经济损失10万元以上,50万元以下;局部停车	①当地媒体的短期报道;②对当地公共设施的日常运行造成干扰(如导致某道路在24小时内无法正常通行)
C	较大影响的健康/安全事故:①3人以上轻伤或1~2人重伤(包括急性工业中毒,下同);②暴露超标,带来长期健康影响或造成职业相关的严重疾病	直接经济损失50万元以上,200万元以下;1~2套装置停车	①存在合规性问题,不会造成严重的安全后果或不会导致地方政府相关监管部门采取强制性措施;②当地媒体的特别报道;③在当地造成不利的社会影响,对当地公共设施的日常运行造成严重干扰
D	较大的安全事故,导致人员死亡或重伤:①界区内1~2人死亡或3~9人重伤;②界区外1~2人重伤	直接经济损失200万元以上,1000万元以下;3套以上装置停车;发生局部区域的火灾爆炸	①引起地方政府相关监管部门采取强制性措施;②引起国内或国际媒体的短期负面报道
E	严重的安全事故:①界区内3~9人死亡或10人及以上50人以下重伤;②界区外1~2人死亡或3~9人重伤	直接经济损失1000万元以上,5000万元以下;发生失控的火灾或爆炸	①引起国内或国际媒体长期负面关注;②造成省级范围内的不利社会影响,对省级公共设施的日常运行造成严重干扰;③引起省级政府相关部门采取强制性措施;④导致失去当地市场的生产、经营和销售许可证
F	非常重大的安全事故,导致工厂界区内或界区外多人伤亡:①界区内10人及以上,30人以下死亡或50人及以上,100人以下重伤;②界区外3~9人死亡或10人及以上,50人以下重伤	直接经济损失5000万元以上,1亿元以下	①引起国家相关部门采取强制性措施;②在全国范围内造成严重的社会影响;③引起国内、国际媒体重点跟踪报道或系列报道
G	特别重大的灾难性安全事故,导致工厂界区内或界区外大量人员伤亡:①界区内30人及以上死亡或100人及以上重伤;②界区外10人及以上死亡或50人及以上重伤	直接经济损失1亿元以上	①引起国家领导人关注,或国务院、相关部委领导作出批示;②导致吊销国际、国内主要市场的生产、销售或经营许可证;③引起国际、国内主要市场上公众或投资人的强烈愤慨或谴责

4. 确定预防风险的控制措施

本步骤的目的是制定并落实风险控制措施。风险控制措施包括工程技术措施、教育培训措施和安全管理措施。措施方案制定好后,安排专人落实这些措施,保证这些措施在作业前到位。JSA工作完成后应填写表2-9。

表2-9 工作安全分析表

记录编号:　　　　　　　　　日期:

单位		JSA组长			分析人员				
工作任务简述									
□新工作任务　□已做过工作任务　□交叉作业　□承包商作业　□许可作业									

步骤编号	工作步骤描述	潜在危害	后果与影响	风险评价			现有控制措施	建议措施	残余风险是否可接受	措施落实人	完成日期与签名
				暴露频率	可能性	严重性 风险					

四、应用实例

换热器垫片泄漏处理 JSA 分析。

1. 处理换热器泄漏的主要工作步骤

①切换换热器;②换热器泄压;③置换;④加盲板;⑤拆卸封头、更换垫片;⑥封头回装;⑦拆盲板;⑧置换、投用。

2. 换热器工作安全分析

换热器工作安全分析见表 2-10。

表 2-10　换热器工作安全分析

序号	工作步骤	潜在危害	安全控制措施
1	切换换热器	改错流程,造成生产安全事故	按标准作业卡,双人操作。先确认、后操作
2	换热器泄压	泄压不彻底,造成泄漏、冲击事故	放空、低点排凝、检查压力表指示是否回零
3	置换	置换不合格,存在易燃易爆物	采样分析,达到规定的可燃物含量标准
4	加盲板	拆螺栓时易发生冲击,如法兰在高处,易发生坠落、中毒	作业处搭设脚手架,作业人员系挂安全带、佩戴适宜的防毒器材,拆卸时站侧位,逐个松开螺栓
5	拆卸封头、更换垫片	更换垫片易造成压力冲击、物体打击和机械伤害	选择安全站位,戴防护镜,避开物体、介质冲击方向;采用倒链吊住固定,使用气动扳手等
……	……	……	……

3. 形成处理换热器泄漏的标准作业程序

根据以上作业活动的工作安全分析,我们就可以把简单的工作步骤,转换成安全操作规程、安全作业方案或安全作业措施,使其具有预防事故发生、保护员工安全的作用和功能。

(1) 切换换热器　改流程时,按标准作业卡,双人操作。先确认、后操作。

(2) 换热器泄压　退料撤料、换热器放空、低点排凝,检查压力表指示是否回零。

(3) 置换　进行置换气采样分析,达到规定的可燃物含量标准。

(4) 加盲板　高处法兰处搭设脚手架,作业人员系挂安全带,佩戴适宜的防毒器材,选择安全站位,逐个松螺栓……

对动火作业进行 JSA 分析。

模块三

安全行为控制

我国化工行业在 1974~2010 年发生的后果比较严重的 114 例生产事故中，违章操作导致的事故最多，占到总量的 55%。2009~2018 年我国发生的 157 起较大以上化工企业生产事故中，由于员工违章或者违纪造成的事故占总事故量的 43.7%，造成的死亡人数占总死亡人数的 36.3%。可见，不安全行为已成为导致化工企业生产事故及人员伤亡的重要原因。因此，对化工企业员工不安全行为影响因素进行研究，找出控制不安全行为的方法和措施，已变得非常迫切与重要。

任务一
人的不安全行为认知

 学习目标

知识目标：了解不安全行为的分类和形成原因。
能力目标：能够辨识生产过程中人的不安全行为。
素质目标：培养正确的安全价值观、安全意识和团队合作意识。

2019年8月23日，合肥一个在建办公楼项目发生一起高处坠落事故，造成2人死亡。据调查，作业人员未正确佩戴安全带，踩上已割断螺栓的上回转塔机。失稳坠落是事故发生的直接原因。

什么是安全行为和不安全行为，不安全行为主要有哪些？辨析工作中的不安全行为。

安全行为是指人们在劳动生产过程中遵守作业规程并在出现危险和事故时能够保护自身

和设备、工具等物资的一切行为。

不安全行为是指能引发事故的人的行为差错，是人的一种主观行为。在人机系统中，人的操作或行为超越或违反系统所允许的范围时就会发生人的行为差错。这种行为可以是有意识的行为，也可以是无意识的行为，其具体形式多种多样。

一、不安全行为表现的分类

根据《企业职工伤亡事故分类》(GB 6441—1986)，将不安全行为分为13大类，包括以下内容。

(1) 操作错误，忽视安全，忽视警告　具体细分为：

① 未经允许开动、关停、移动机器；

② 开动、关停机器时未给信号；

③ 开关未锁紧，造成意外转动、通电或泄漏等；

④ 忘记关闭设备；

⑤ 忽视警告标志、警告信号；

⑥ 操作错误（指按钮、阀门、扳手、把柄等的操作）；

⑦ 奔跑作业；

⑧ 供料或送料速度过快；

⑨ 机器超速运转；

⑩ 违章驾驶机动车；

⑪ 酒后作业；

⑫ 客货混载；

⑬ 冲压机作业时，手伸进冲压模；

⑭ 工件紧固不牢；

⑮ 用压缩空气吹铁屑等；

⑯ 其他。

(2) 造成安全装置失效　具体细分为：

① 拆除了安全装置；

② 安全装置堵塞，失掉了作用；

③ 调整的错误造成安全装置失效；

④ 其他。

(3) 使用不安全设备　具体细分为：

① 临时使用不牢固的设施；

② 使用无安全装置的设备；

③ 其他。

(4) 手代替工具操作　具体细分为：

① 用手代替手动工具；

② 用手清除切屑；

③ 不用夹具固定，用手拿工件进行机械加工。

(5) 物体（指成品、半成品、材料、工具、切屑和其他生产用品等）存放不当。

(6) 冒险进入危险场所　具体细分为：

① 冒险进入涵洞；
② 接近漏料处（无安全设施）；
③ 采伐、集材、运材、装车时，未离开危险区；
④ 未经安全监察人员允许，进入油罐或井中；
⑤ 未"敲帮问顶"开始作业；
⑥ 冒进信号；
⑦ 调车场超速上下车；
⑧ 易燃易爆场合明火；
⑨ 私自搭乘矿车；
⑩ 在绞车道上行走；
⑪ 未及时瞭望。

（7）攀、坐不安全位置（如平台护栏、汽车挡板、吊车车钩）。

（8）在起吊物下作业、停留。

（9）机器运转时加油、修理、检查、调整、焊接、清扫等工作。

（10）有分散注意力行为。

（11）在必须使用个人防护用品用具的作业或场合中，忽视其使用。
具体细分为：
① 未戴护目镜和面罩；
② 未戴防护手套；
③ 未穿安全鞋；
④ 未戴安全帽；
⑤ 未佩戴呼吸护具；
⑥ 未佩戴安全带；
⑦ 未戴工作帽；
⑧ 其他。

（12）不安全装束　具体细分为：
① 在有旋转零部件的设备旁作业穿肥大服装；
② 操纵带有旋转零部件设备时戴手套；
③ 其他。

（13）对易燃、易爆等危险物品处理错误。

二、产生不安全行为的原因

产生不安全行为的原因是多方面的，一般分为个体内在因素和外在客观因素两方面。

1. 个体内在因素

（1）心理因素　一些不良的个性心理特征，常常是酿成生产事故与人身伤害的原因。如对待上级违反安全规定的作业指挥，有些人不盲从，据理力争；而另一些人则不敢抵制或违心地屈从。又如容易急躁的人，事故趋向性也大。一般来说，凡有不良心理特征的人均易发生错误，产生不安全的行为，可能造成生产事故。影响操作者工作行为的心理因素很多，常见的有：进入现场后的条件反射，如有人一到工作岗位就思想紧张；思想不集中（意识中断或下降）；错觉；情绪不稳定；自我意识过强，过分自信；过分相信别人；轻信以往经验等。

由于人的个性心理特征是可以逐渐被认识的,因此在安全管理工作中,要根据每个人所处的生活环境、所受教育、以往的经历及心理素质等的不同,针对个性心理特征,采取相应的安全管理方法,充分调动各种人的安全生产积极性,做到扬长避短,实现人人尽职尽责地完成安全生产任务。

(2) 生理因素　人的身体状况不同,使得行为也有很大差异,如一些需要通过辨别颜色确定信号的工种,若对某种颜色色盲或色弱是非常危险的。常见的影响人的行为安全性的生理因素有：疲劳；身体不舒服；体力、体格的差别；视力、听力的缺陷；身体机能（运动机能、平衡机能等）缺陷；年龄（老年、青年）上的差别；性别；重复动作失调。

(3) 技能因素　近年来,我国发生重大生产责任事故,基本都与企业忽视职业技能提高,导致员工操作失误有很大关系。员工缺乏职业技能主要表现在：完成操作有困难,技能不熟练。

2. 外在客观因素

(1) 管理因素　安全管理是利用计划、组织、指挥、协调、控制等管理机能控制来自自然界、机械和物质的不安全因素和人的不安全行为,避免事故发生,保障职工的生命安全和健康,保证企业生产顺利进行。然而安全工作带来的效益主要是社会效益,安全工作的经济效益往往表现为减少事故经济损失的隐性效益,不像生产经营效益那样直接、明显。因此,企业常常忽视安全管理,从而导致作业人员的不安全行为产生。常见的不安全行为有：作业目的和标准不明确；作业上的不良习惯；不遵守、忽视规章制度；操作规程不完整；相互配合不好；管理监督人员不足；工作场所布置不当；作业计划不完备；作业管理混乱；信息传递方法不完备；对临时工教育管理不力；交叉作业管理混乱；选用了不适当的器材；衔接作业管理不完备；车间分工有缺陷。

(2) 教育训练因素　对员工职业教育训练不充分也是引起不安全行为的又一重要因素。企业常见的错误有：没有进行指定的教育训练,即未经培训就上岗；教育训练内容不完备；教育训练方法不当；继续教育不完备；教育训练的频率不够。

(3) 设备和环境因素　与生产过程密切相关的设备、照明、颜色、噪声、气温等生产环境因素不仅影响着生产的产量、质量及作业人员的健康,而且常常是导致事故的因素。如：气候恶劣（高低温、湿度）,现场设计的作业姿势不安全,上夜班,噪声过大（掩蔽信号、影响人与人的联系等）,照明不良（看不清信号、工作点）,使用不适当的设备,不适当地拆去防护设备。

(4) 社会因素　员工的家庭纠纷、恶劣的人际关系等社会因素也能导致不安全行为的产生。如员工在家中与家人发生争执,在工作中与领导、同事或朋友发生冲突。

三、人员不安全行为控制方法

不安全行为是事故发生的主要原因之一,因此加强对工作人员作业行为的管理和控制是企业安全管理的重要组成部分,是不安全行为管理措施制定与实施的关键。为了防止事故的发生,必须从多方面入手,进行不安全行为控制。常见的不安全行为控制方法有以下几种。

1. 制定企业安全管理规章制度

(1) 全员安全生产责任制度　遵循"管生产必须同时管安全；谁主管,谁负责；五同时；从业人员遵章守纪"的原则,明确全员的安全生产职责。

(2) 安全教育制度　安全教育与训练是防止和改变人的不安全行为的重要途径,可增强人的安全素质，提高安全意识和安全技能。

（3）安全检查制度　制度化的安全监督和检查是防止操作者发生不安全行为的重要途径。通过上级监管部门、本企业安全技术管理人员定期与不定期的安全检查，劳动者本身以及相互之间的不间断监督，使劳动者在生产的全过程中，不断提高执行岗位安全操作规程及其他法律规范的自觉性，最终实现对不安全行为的自我约束。

2. 行为安全观察

行为观察法是一种典型的利用行为干扰方式改变员工行为方式的管理方法，该方法的原理为通过在现场观察判断员工的行为状态，如出现不安全行为立即对其行为进行纠正，从而达到改变员工行为方式的目的。

3. 安全行为能力测试

安全行为能力就是安全能力或安全素质，是人的先天秉性加上后天学习形成的稳定心理和生理特性，较强的安全行为能力能帮助人员在日常和紧急状态下避免人身伤亡、财产损失、环境破坏等事故以及职业病的发生。

安全行为能力不足是导致不安全行为发生，进而导致事故发生的深层次原因。通过安全行为能力测试可以大体判断出个人的安全行为能力状况，及早发现其不安全行为倾向，从而及时采取多种方式进行干预，能够有效阻止其不安全行为的发生。

4. 标准作业程序

标准作业程序，是在对作业系统调查分析的基础上，将现行作业方法的每一操作程序和每一动作进行分解，以科学技术、规章制度和实践经验为依据，以安全、质量效益为目标，对作业过程进行改善，从而形成一种优化作业程序，逐步达到安全、准确、高效、省力的作业效果。

辨识图 3-1 中的不安全行为。

图 3-1　不安全行为辨识图

任务二
安全管理制度认知

 学习目标

知识目标：了解生产经营单位各项安全管理制度的基本内容。

能力目标：能够参与制定或完善各项企业安全生产管理制度。

素质目标：培养正确的安全价值观、安全意识和团队合作意识。

　　2007年4月15日7时50分左右，滨州市某机电设备工程有限公司在山东滨化集团化工公司石化车间计量罐区进行检修施工时，发生氮气窒息事故，造成1人死亡，2人受伤。从4月7日始，滨化集团化工公司石化车间开始停车检修。该机电设备工程有限公司4月14日上午完成了环氧丙烷计量罐盘管更换项目的施工作业。随后，石化车间根据工艺需要向环氧丙烷计量罐充氮并进行水压试验，水压试验过程中发现短节有漏点。在4月14日16时30分左右召开的检修例会上，车间决定更换短节并由周某、郝某负责安排落实。4月14日17时30分左右，周某、郝某通知刘某超，要求对计量罐内一段法兰短节进行更换。刘某超在未办理《进入受限空间作业许可证》的情况下就指示职工刘某滨打开环氧丙烷计量罐人孔盖，刘某滨未采取相应安全措施，通过人孔进入罐内发生窒息，另有2人在施救过程中又先后中毒窒息。其中刘某滨经抢救无效死亡。

　　生产经营单位没有制定、完善安全操作规程，未能使从业人员在进行生产操作时有章可循，是从业人员在进行生产操作时产生不安全行为的首要成因。

掌握企业的安全管理制度。

安全管理是为实现安全生产而组织和使用人力、物力和财力等各种物质资源的过程。利用计划、组织、指挥、协调、控制等管理机能,控制各种物的不安全因素和人的不安全行为,避免发生伤亡事故,保证劳动者的生命安全和健康,保证生产顺利进行。

安全管理主要包括对人的安全管理和对物的安全管理两个主要方面。对人的安全管理占有特殊的位置。人是工业伤害事故的受害者,保护生产中人的安全是安全管理的主要目的。同时,人又往往是伤害事故的肇事者,在事故致因中,人的不安全行为占有很大比例,即使是来自物的方面的原因,在物的不安全状态的背后也隐藏着人的行为失误。因此,控制人的行为就成为安全管理的重要任务之一。在安全管理工作中,注重发挥人对安全生产的积极性、创造性,对于做好安全生产工作而言既是重要方法,又是重要保证。

一、安全生产责任制

为实施安全对策,必须首先明确由谁来实施的问题。在我国,推行全员安全管理的同时,实行安全生产责任制。所谓安全生产责任制就是各级领导应对本单位安全工作负总的领导责任,以及各级工程技术人员、职能科室和生产工人在各自的职责范围内,对安全工作应负的责任。

《中华人民共和国安全生产法》第22条规定:生产经营单位的全员安全生产责任制应当明确各岗位的责任人员、责任范围和考核标准等内容。生产经营单位应当建立相应的机制,加强对全员安全生产责任制落实情况的监督考核,保证全员安全生产责任制的落实。

1. 安全生产责任制的建立要求

(1) 安全生产责任制应覆盖本企业所有组织和岗位。

① 纵向方面。从上到下所有层级人员,首先将本单位从主要负责人到岗位工人分成相应的层级;然后结合本单位的实际工作,对不同层级的人员在安全生产中应承担的职责作出规定。

② 横向方面。各职能部门(包括党、政、工、团),按照本单位职能部门(如安全、设备、计划、技术、生产、基建、人事、财务、设计、档案、培训、党办、宣传、工会、团委等部门)的设置,分别对其在安全生产中应承担的职责作出规定。

（2）责任内容、范围、考核标准　责任内容、范围、考核标准要简明扼要、清晰明确、便于操作、适时更新。企业一线从业人员的安全生产责任制，要力求通俗易懂。

（3）加强企业全员安全生产责任制公示　要在适当位置对全员安全生产责任制进行长期公示。

公示的内容主要包括：所有层级、所有岗位的安全生产责任、安全生产责任范围、安全生产责任考核标准等。

2. 安全生产责任制建立方法步骤

（1）成立编制小组　成立由主要负责人为组长，党政工团、生产、工艺、设备等部门负责人、职工代表为成员的制度编制小组。

（2）资料收集　应收集相关法律法规、标准规范以及同行业企业制定的责任制度等资料。

（3）编制　应按照相关法律法规规定，按照企业实际编制。法律法规对相关部门和人员责任有规定的，必须将规定条款编入。法律法规没有明确规定的，应按照其工作职责，确定相应的安全生产职责。编制应遵循科学、合理、实事求是的原则。

（4）审核　起草完的责任制度交主要负责人或企业权力机构进行内部审核，必要时可激请政府主管部门工作人员或相关专家进行外部审核。审核通过予以发布，不通过则退回编制小组重新修改，直到审核通过。

（5）发布实施　审核通过的责任制应由企业主要负责人签发，以正式文件发布。

（6）学习培训　发布后的责任制应组织全体员工进行学习培训，让每位员工熟知其安全生产责任。

（7）持续改进　发布后的责任制应对其实用性、科学性进行持续改进。

3. 全员安全生产责任制落实

（1）加大教育培训力度，提高对全员安全生产责任的认识及履责能力　将全员安全生产责任制教育培训工作纳入安全生产年度培训计划，实现岗位"五懂、五会、五能"。

五懂：即懂工艺技术、懂危险特性、懂设备原理、懂法规标准、懂制度要求。

五会：即会生产操作、会异常分析、会设备巡检、会风险辨识、会应急处置。

五能：即能遵守工艺纪律、能遵守安全纪律、能遵守劳动纪律、能制止他人违章、能抵制违章指挥。

（2）建立考核奖惩机制　制定切实可行的考核制度和考核标准，考核制度应包括：考核目的、考核范围、考核机构、考核内容、考核程序、考核评分、考核结果及应用等。

（3）培育安全文化，激发履责的内在动力　通过奖励主动落实、全面落实责任，惩处不落实责任、部分落实责任，不断激发全员参与安全生产工作的积极性和主动性，形成良好的安全文化氛围。

二、安全教育制度

安全教育是指通过各种教育手段，提高员工的安全意识，使其自觉地在日常工作中履行安全职责。良好的安全教育能够使员工更充分地了解企业的安全管理方针和目标，以及在日常工作中开展安全工作的方法、技巧等，以提高安全生产水平，降低事故发生率。

《中华人民共和国安全生产法》第二十八条规定："生产经营单位应当对从业人员进行安

全生产教育和培训，保证从业人员具备必要的安全生产知识，熟悉有关的安全生产规章制度和安全操作规程，掌握本岗位的安全操作技能，了解事故应急处理措施，知悉自身在安全生产方面的权利和义务。未经安全生产教育和培训合格的从业人员，不得上岗作业。"

目前我国化工企业中开展安全教育的形式主要包括三级安全教育，特种作业人员安全教育，调岗、复工安全教育，日常教育等。

1. 三级安全教育

新员工的安全教育主要是指三级安全教育。三级安全教育是指对进厂的新员工进行厂级安全教育、车间级安全教育和班组级安全教育。

（1）厂级安全教育　厂级安全教育是对新员工在分配到车间和工作地点之前，由人力资源部门组织、安全部门进行的初步安全教育。教育内容包括以下几个方面：

① 本单位安全生产情况及安全生产基本知识；

② 本单位安全生产规章制度和劳动纪律；

③ 从业人员安全生产权利和义务；

④ 有关事故案例等。

煤矿、非煤矿山、危险化学品、烟花爆竹、金属冶炼等生产经营单位厂（矿）级安全培训除包括上述内容外，还应当增加事故应急救援、事故应急预案演练及防范措施等内容。

（2）车间（工段、区、队）级安全教育　应当包括：

① 工作环境及危险因素；

② 所从事工种可能遭受的职业伤害和伤亡事故；

③ 所从事工种的安全职责、操作技能及强制性标准；

④ 自救互救、急救、疏散和现场紧急情况的处理；

⑤ 安全设备设施、个人防护用品的使用和维护；

⑥ 本车间（工段、区、队）安全生产状况及规章制度；

⑦ 预防事故和职业危害的措施及应注意的安全事项；

⑧ 有关事故案例；

⑨ 其他需要培训的内容。

（3）班组级安全教育　应当包括：

① 岗位安全操作规程；

② 岗位之间工作衔接配合的安全与职业卫生事项；

③ 有关事故案例；

④ 其他需要培训的内容。

生产经营单位新上岗的从业人员，岗前安全培训时间不得少于24学时。

煤矿、非煤矿山、危险化学品、烟花爆竹、金属冶炼等生产经营单位新上岗的从业人员安全培训时间不得少于72学时，每年再培训的时间不得少于20学时。

从业人员在本生产经营单位内调整工作岗位或离岗一年以上重新上岗时，应当重新接受车间（工段、区、队）和班组级的安全培训。

生产经营单位采用新工艺、新技术、新材料或者使用新设备时，应当对有关从业人员重新进行有针对性的安全培训。

2. 特种作业人员安全教育

国家安全生产监督管理总局令第 80 号《特种作业人员安全技术培训考核管理规定》（以下简称《规定》）规定，对操作者本人，尤其对他人和周围设施的安全有重大危害因素的作业，称特种作业。直接从事特种作业者，称为特种作业人员。

（1）特种作业类别

①电工作业；②焊接与热切割作业；③高处作业；④制冷与空调作业；⑤煤矿安全作业；⑥金属非金属矿山安全作业；⑦石油天然气安全作业；⑧冶金（有色）生产安全作业；⑨危险化学品安全作业；⑩烟花爆竹安全作业；⑪安全监管总局认定的其他作业。

（2）特种作业人员的教育培训　特种作业人员必须接受与本工种相适应的、专门的安全技术培训，经安全技术理论考核和实际操作技能考核合格，并取得特种作业操作证后方可上岗作业。未经培训或培训考核不合格者，不得上岗作业。

3. 调岗、复工安全教育

在企业中，对于调换工作岗位或是伤愈、休假后复工的人员，也需要进行安全教育。

（1）调岗安全教育　车间内或厂内换工种，或调换到与原工作岗位操作方法有差异的岗位的员工等人员应由接收单位进行相应工种的安全教育。教育内容可参照三级安全教育的要求确定内容，一般只需进行车间、班组二级安全教育。但特种作业人员要经过特种作业的安全教育和安全技术培训，经考核合格并取得操作许可证后方可上岗作业。

（2）复工安全教育　复工安全教育是指员工伤、病愈复工或经过较长的假期后，复工上岗前的安全教育。复工教育的对象包括工伤痊愈的人员以及各种休假超过 3 个月的人员。

4. 日常教育

安全教育不能一劳永逸，必须经常不断地进行。各级领导和各部门要对职工进行经常性的安全思想、安全技术和遵章守纪教育，增强职工的安全意识和法治观念，定期研究职工安全教育中的有关问题。

企业内的日常教育即经常性安全教育可按下列形式实施：

① 可通过举办安全技术和工业卫生学习班，充分利用安全教育室，采用展览、宣传画、安全专栏、报纸杂志等多种形式，以及先进的电子教育手段，开展对职工的安全和工业卫生教育。

② 企业应定期开展安全活动，班组的安全活动确保每周一次。

③ 在大修或重点项目检修，以及重大危险性作业（含重点施工项目）时，安全技术部门应督促指导各检修（施工）单位进行检修（施工）前的安全教育。

④ 总结发生事故的规律，有针对性地进行安全教育。

⑤ 对于违章及重大事故责任者和工伤复工人员，应由所属单位领导或安全技术部门进行安全教育。

三、安全检查

《中华人民共和国安全生产法》对安全检查工作提出了明确要求和基本原则，其中第四十六条规定：生产经营单位的安全生产管理人员应当根据本单位的生产经营特点，对安全生产状况进行经常性检查；对检查中发现的安全问题，应当立即处理；不能处理的，应当及时报告本单位有关负责人，有关负责人应当及时处理。检查及处理情况应当如实记录在案。

安全检查的目的是及时发现安全隐患,并采取相应的措施消除这一隐患,保障生产安全顺利地进行。企业各级管理人员都应当定期开展安全检查工作,及时发现隐患并予以解决。

1. 安全检查内容

(1) 检查物的状况是否安全　检查生产设备、工具、安全设施、个人防护用品、生产作业场所以及生产物料的存储是否符合安全要求。检查的重点在于以下方面。

① 检查生产设备是否运转正常,其记录是否完整。

② 危险化学品生产与储存的设备、设施,危险化学品专用运输工具是否符合安全要求。

③ 在车间、库房等作业场所设置的监测、通风、防晒、调温、防火、灭火、防爆、泄压、防毒、消毒、中和、防潮、防雷、防静电、防腐、防渗漏、防护围堤和隔离操作的安全设施是否符合安全运行的要求。

④ 通信和报警装置是否处于正常适用状态。

⑤ 危险化学品的包装物是否安全可靠。

⑥ 生产装置与储存设施的周边防护距离是否符合国家的规定,事故救援器材、设备是否齐备、完好。

⑦ 检查各类物品是否整齐摆放。

⑧ 检查作业现场的环境是否干净整洁。

(2) 检查人的行为是否安全　检查作业者是否违章作业、违章指挥、违章操作,有无违反安全生产规章制度的行为。重点检查危险性大的生产岗位是否严格按操作规程作业,危险作业是否执行审批程序等。

(3) 检查安全管理是否完善

① 安全生产规章制度是否建立健全。

② 安全生产责任制是否落实。

③ 安全生产目标和工作计划是否落实到各部门、各岗位。

④ 安全教育是否经常开展,职工安全素质是否得到提高。

⑤ 安全管理是否制度化、规范化。

⑥ 对发现的事故隐患是否及时整改。

⑦ 实施安全技术与措施计划的经费是否落实。

⑧ 是否按"四不放过"原则做好事故管理工作。

2. 安全检查的形式

安全检查的形式要根据检查的对象、内容和生产管理模式来确定,可以采取多种多样的形式。

(1) 各岗位作业人员日常检查　各岗位作业人员应在每天操作前对自己的岗位进行自检,确认安全后再进行操作,以检查物的状况是否安全为主。

(2) 安全人员日常巡查　企业安全主任、安全员等安全管理人员应每日到生产现场进行巡视,检查安全生产情况,巡查的主要内容有以下方面:

① 作业场所是否符合安全要求;

② 作业人员是否遵守安全操作规程,是否有违章违纪行为;

③ 协助生产岗位的作业人员解决安全生产方面的问题。

(3) 定期开展综合性安全检查　企业应定期开展综合性安全检查,从检查范围讲,包括全厂检查和车间检查；检查周期根据实际情况确定，一般全厂性的检查每年不少于两次，车间的检查每季度一次。

（4）专业安全检查　有些检查项目的专业技术性很强，需要由专业技术人员进行检查，例如锅炉压力容器、起重机械等特种设备的安全检查，电气设备的安全检查，消防安全检查等。专业安全检查通常需要使用专业仪器来完成，检查的项目、内容一般是由相应的安全技术法规、标准来规定，这些法规、标准是专业安全检查结果的评判依据。

（5）季节性安全检查　不同季节的气候会对安全生产产生一定的影响。例如，春季潮湿的气候会使电气绝缘性能下降，从而导致触电、起火等事故的发生；夏季的高温气候易引起中暑；秋冬季节风高物燥，易发生火灾；雷雨季节易发生雷击事故。

季节性安全检查主要检查防止不利气候因素导致事故的预防措施是否落实。例如，在雷雨季节到来前，检查防雷设施是否符合安全标准；夏季检查防暑降温设备是否正常运行等。

3. 安全检查工作的实施步骤

安全检查要取得成效，就必须做好安全检查的组织实施工作。

（1）建立检查组织机构　根据安全检查的规模、内容和要求，建立适应安全检查需要的组织机构。

（2）安全检查的准备

① 确定检查目的、步骤、方法，建立检查组织，抽调检查人员，安排检查日程。

② 分析过去几年所发生的各种事故的资料，并根据实际需要制作一些表格、卡片，用以记载曾发生事故的次数、部门、类型、伤害性质和伤害程度，以及发生事故的主要原因和采取的防护措施等，以提醒检查人员注意。

③ 准备好事先拟定的安全检查表，以便逐项检查，做好记录，避免遗漏。

（3）实施检查　在检查实施过程中，应采取灵活多样的检查方法。例如，深入现场实地检查，召开汇报会、座谈会、调查会、个别访问清查，查阅有关文件和资料等，这些都是常用的有效方法，可以根据实际情况灵活应用。检查时可以用相机将检查中发现的情况拍摄下来，作为改善的依据。

（4）检查总结　检查结束后，应将此次检查的目的、范围、存在的主要问题和整改情况，以及经验推广情况和整个检查范围内的安全生产情况等内容制作成书面材料，随同检查结果（表格内容或检查项目）向有关领导汇报后，存入安全检查档案。

设置评比看板，对检查结果进行评比。对安全生产抓得好，有一定的安全生产管理经验的部门要进行表彰、奖励，并召开安全生产现场会。

2018年11月28日，位于河北张家口的某公司氯乙烯泄漏扩散至厂外区域，遇火源发生爆燃，造成24人死亡（其中1人后期医治无效死亡）、21人受伤，38辆大货车和12辆小型车损毁。调研其事故调查报告，说明其中涉及哪些人的责任，制定全员责任制清单。

任务三
行为安全观察认知

 学习目标

知识目标：了解行为安全观察的概念及内容；掌握行为安全观察的工作步骤。
能力目标：具有完成企业行为安全观察的能力。
素质目标：培养正确的安全价值观、安全意识和团队合作意识。

  某企业从2014年在工厂引入了行为安全观察（behavior based safety，简称BBS）项目，每一位员工都有机会作为BBS观察员，对身边员工的行为进行安全观察，发现和纠正其不安全行为，从而在企业里面树立良好的安全文化，实现"人人为我安全，我为人人安全"的安全理念。2017年，工厂范围内进行了约15000次的安全观察，并收到了约5500份安全改善建议。伴随着以上的职业健康教育和指导，企业可记录工伤事故率从2014年的0.48降低到2017年的0.17。

  针对工作内容，正确实施行为安全观察。

一、行为安全观察的定义

行为安全观察是为各级管理者特别设计的一种对安全行为和不安全行为进行观察、沟通和干预的安全管理系统（包括管理办法和工具），其目的是通过该系统的有效运行来减少伤害和事故的发生，提高各级管理人员和全体员工的安全意识，创建安全的工作场所。

通过行为安全观察的实施，可以激励和强化安全行为，及时发现和纠正不安全行为，避免伤害和事故发生；它提供了双向沟通平台，可干预员工行为，提高员工的安全意识，营造安全文化氛围；通过对观察结果的统计分析，可了解安全管理运作良好的部分，识别管理中的薄弱环节，为持续改进提供依据，建立安全预警机制。

二、行为安全观察计划

1. 观察时间

行为安全观察计划应覆盖所有区域和班次，并覆盖不同的作业时间段，如夜班作业、超时加班以及周末工作。

2. 观察区域

制订和实施安全观察计划时，可考虑不同岗位、不同区域的交叉安全观察与沟通。重点关注生产和施工区域内的各种作业活动及作业环境、设备设施运行状态。

3. 观察频率和期限

按计划进行行为安全观察时应规定频率和观察期限。公司机关人员每半年不少于1次，厂（处）机关人员每季度不少于1次，作业区（大队）机关人员每月不少于1次，班站操作员工每星期不少于1次。现场观察以及与员工进行探讨时间不应少于30min。

4. 观察人员

有计划的行为安全观察应由小组执行，每个安全观察小组通常由2～3人组成，小组由企业内有直线领导关系的人员组成。企业各级领导、管理人员和基层单位班组长都应参与行为安全观察。有计划的行为安全观察不宜由单人执行，随机的安全观察与沟通可由单人或多人执行。

三、行为安全观察的步骤

1. 观察

对一名正在工作的人员观察30s以上，确认有关任务是否在安全地执行。应同时注意观察员工的行为和作业环境，观察员工行为时要注意既观察不安全行为也要观察安全行为。观察时应注意若要采取行动不要使员工受到伤害，考虑如何接近员工，并安全地阻止不安全行为。

2. 表扬

采用正面激励的方法激励员工，肯定和表扬员工作业中的安全行为，以使这种安全行为得到良好的保持，并形成个人良好的工作习惯。

3. 讨论

与员工讨论观察到的不安全行为、状态和可能产生的后果，鼓励员工讨论更为安全的工作方式。观察者从他人的角度去了解，在平等、友好、融洽的氛围下与员工讨论其不安全的行为和该行为的后果，用提问题来代替直接要求，启发员工思考安全问题，多倾听对方的观点，在讨论不安全行为带来伤害的同时还能讨论更安全的作业方法。

4. 沟通

就如何安全地工作与员工取得一致意见，并取得员工的承诺。尊重员工，以请教的态度，了解出现不安全行为的原因，就如何安全地工作与员工进行沟通，听取员工的心声和意见，理解他们的想法和愿望。在取得一致意见的前提下，采取相应的纠正措施，防止同类问题再次出现。

5. 启发

依靠员工、引导员工讨论工作地点的其他安全问题，培养和提高员工参与安全管理的意识。

6. 感谢

以真诚态度，对员工的配合表示感谢。

四、行为安全观察的内容

行为安全观察的内容主要包括七大类别：员工的反应、员工的位置、个人防护装备、工具和设备、程序、人体工效学、整洁度。应综合参考以往的伤害调查、未遂事件调查以及安全观察的结果，重点关注可能引发伤害的行为。

1. 员工的反应

员工在看到他们所在区域内有观察者时，观察他们是否改变自己的行为（从不安全到安全）。

员工在被观察时，有时在10~30s内会做出反应，如改变身体姿势或自身的位置、戴上或调整个人防护装备、改用正确的工具和设备、抓住扶手、系上安全带，甚至完全停止手中的作业。这些反应通常表明员工知道正确的作业方法，只是由于某种原因没有采用。

作为观察者对这些反应必须有所警觉，这可能是发现不安全行为的线索，由此找出不安全行为的原因，并采取相应的措施，避免今后由于此类不安全行为而导致事故发生。

2. 员工的位置

观察员工身体的位置是否安全，是否有利于降低伤害发生的概率。

可能由于人员的位置引起的伤害有：①被撞击，指身体或某部位可能被撞击；②被夹住，指身体或某部位可能被夹住；③高处坠落，身体可能从高处坠落；④绊倒或滑倒，指可能被地面物体绊倒或滑倒；⑤接触极端温度的物体，指身体某部位接触；⑥接触电流，指身体某部位接触；⑦接触、吸入或吞食有害物质；⑧不合理的姿势，指身体或某部位；⑨接触转动设备，指身体或某部位；⑩搬运负荷过重，主要是徒手；⑪接触振动设备，指身体或某部位。

3. 个人防护装备

观察员工使用的个人防护装备是否合适，是否正确使用，个人防护装备是否处于良好状态。

个人防护装备的观察包括以下几个方面：①头部，如安全帽；②眼睛及脸部，如安全眼镜、眼罩、面罩；③耳部，如耳塞或耳罩；④呼吸系统，如各类呼吸器；⑤手和手臂，如安全手套；⑥躯干，如劳保工作服；⑦脚和腿部，如安全鞋或靴；⑧其他，如安全带及绳索，救生衣。

4. 工具和设备

员工使用的工具是否合适，是否正确使用工具和设备，工具和设备是否处于良好状态，非标准工具是否获得批准。

5. 程序

观察是否有操作程序，员工是否理解操作程序，员工是否遵守操作程序。

6. 人体工效学

观察办公室和作业环境是否符合人体工效学原则。

人体工效学包括以下几方面的内容：①是否符合人体工效学原则，如尺寸、高度、角度等。②重复的动作，指手部、四肢、头部等重复动作，可能会造成长时间的伤害或职业病。③躯体位置，指身体各部位所处的位置。④工作区域设计，如安全距离、通风、通道等。⑤工具和把手，指是否适合使用者。⑥姿势，主要是指不良位置的固定姿势。⑦工作场所，如温度、湿度、色彩等。⑧照明，指照明和光线是否合理。⑨噪声，指噪声对人的身体造成的影响。⑩其他，如倒班时间，自然气候等。

7. 整洁度

观察作业场所是否整洁有序。整洁标准是否适合此工作（被审核且更新）；整洁标准是否被所有相关者知道并了解；整洁标准是否被遵守，如作业区域、作业场所、材料工具等是否井然有序。

五、行为安全观察报告

观察者应填写行为安全观察报告表（表3-1），报告表中要有观察区域或岗位、观察日期、观察时间、观察人，不必记录交谈人的名字。观察内容作为提醒，而非检查清单。

表 3-1 行为安全观察报告表

观察区域或岗位：　　　　　　　　　　　观察日期：
观察时间：___时___分至___时___分　　观察人：

员工的反应	员工的位置	个人防护装备	工具和设备	程序	人体工效学	整洁度
观察到的人员的异常反应： □调整个人防护装备 □改变原来的位置 □重新安排工作 □停止工作 □接上地线 □上锁挂牌 □其他	□被撞击、被夹住 □高处坠落 □绊倒或滑倒 □接触极端温度的物体 □触电 □接触、吸入有害物质 □不合理的姿势 □接触转动设备 □搬运负荷过重 □接触振动设备 □其他	未使用或未正确使用： □是否完好 □眼睛和脸部 □耳部 □头部 □手和手臂 □脚和腿部 □呼吸系统 □躯干 □其他	□不适合该作业 □未正确使用 □工具和设备本身不安全 □其他	□没有建立 □不适用 □不可获取 □员工不知道或者不理解 □没有遵照执行 □其他	□办公、操作和检修环境不符合工效学原理 □重复的动作 □躯体位置 □姿势 □工作场所 □工作区域设计 □工具和把手 □照明 □噪声 □工作生活环境温度 □其他	□作业区域是否整洁有序 □工作场所是否井然有序 □材料及工具的摆放是否适当 □其他

六、行为安全观察结果的统计与分析

公司质量安全环保处每季度对观察与沟通信息进行对比分析,提出观察与沟通的改进建议,形成观察与沟通分析报告,在全公司通报。

安全观察与沟通结果的统计分析可包括:

① 对所有的安全观察与沟通信息和数据进行分类;

② 分析统计结果的变化趋势;

③ 根据统计结果占比和变化趋势提出安全工作的改进建议。

行为安全观察不替代安全检查,其结果不作为处罚的依据,对于观察与沟通反映出的问题,按照"谁主管谁负责"的原则整改落实,防止类似问题重复发生。

七、应用实例

如图 3-2 所示,某员工在使用砂轮进行打磨,但是没有正确佩戴防护用品。

图 3-2 砂轮打磨

情境 A:

主管(生气地说):"嘿,把你面罩戴上!你没有看见吗?标示上写着'请戴上面罩'。别再让我看见你不戴面罩,听见了吗?"

工人:"好的。"

情境 B:

主管:"你能停一下吗?到我这来一下。"

工人(走近主管):"好的,什么事?"

主管(以交谈的语气说):"我注意到你没有戴上面罩。为什么呢?"

工人:"嗯,每次都要戴上面罩好像很麻烦。"

主管:"你知道为什么要求你戴上面罩吗?"

工人:"我想粉末不会进入眼睛的,我很小心,而且也没有感到有什么严重危险。"

主管："你知道砂轮的转速有多快吗？"

工人："大约 3500r/min"。

主管："那么如果粉末或者微粒溅到你的脸上会是多快？"

工人（想了一会）："我明白你的意思了。我现在知道每次都必须戴上面罩了。"

主管："对，你的眼睛比起花几秒钟戴上面罩要重要得多"。

两个情境下，主管均制止了工人的不安全行为，但在第二个情境中，主管采用了讨论的方式，对不安全行为的危害进行分析，可以提高员工的安全积极性，这才是行为安全观察的实施作用。

假设你看到离地面 5m 高的架子上有一位电工正在工作，他没有系安全带，他工作的区域也没有用警戒线围起来。请决定接下来你应该做什么，然后完成行为安全观察报告。

任务四
安全标志识别

 学习目标

知识目标：掌握安全色的含义和用途；掌握安全标志的含义和用途；掌握职业危害标志的设置；掌握气瓶、管道的色标含义和用途。

能力目标：能正确识别和使用安全色；能正确识别和使用安全标志；能正确识别和使用职业危害标志；能正确识别和使用气瓶、管道色标。

素质目标：培养正确的安全价值观和安全意识。

某企业一名员工在启动风机开关时，误打开了搅拌机开关，而这时搅拌机里一名检修工正在检修，就这样检修工糊糊涂涂地被搅成了重伤，由于抢救及时捡了条性命。发生事故的直接原因是操作工开错了开关，但是检查现场发现，一排有几个开关，开关上没有标注安全标志，如果有安全标志，标明各个开关的作用，并严格执行企业上牌挂锁制度，就可以避免事故的发生。

根据实际情况设置车间安全警示标志。

一、安全色

1. 安全色的定义

安全色是表达安全信息的颜色，表示禁止、警告、指令、提示等意义。使用安全色，可以使人们能够对威胁安全和健康的物体和环境尽快做出反应，迅速发现或分辨安全标志，及时得到提醒，以防止事故、危害发生。

安全色用途广泛，如用于安全标志牌、交通标志牌、防护栏杆及机器上不准乱动的部位等。安全色的应用必须是以表示安全为目的和在规定的颜色范围内。

我国制定了安全色国家标准，规定用红、黄、蓝、绿四种颜色作为通用的安全色。四种安全色的含义和用途如下。

（1）红色　表示禁止、停止、消防和危险的意思。禁止、停止和有危险的器件设备或环境涂以红色的标记。如禁止标志、交通禁令标志、消防设备、停止按钮、停车和刹车装置的操纵把手、仪表刻度盘上的极限位置刻度、机器转动部件的裸露部分、液化石油气槽车的条带及文字、危险信号旗等。

（2）黄色　表示注意、警告的意思。需警告人们注意的器件、设备或环境涂以黄色标记。如警告标志、交通警告标志、道路交通路面标志、带轮及其防护罩的内壁、砂轮机罩的内壁、楼梯的第一级和最后一级的踏步前沿、防护栏杆及警告信号旗等。

（3）蓝色　表示指令、必须遵守的规定。如指令标志、交通指示标志等。

（4）绿色　表示通行、安全和提供信息的意思。可以通行或安全情况涂以绿色标记。如表示通行、机器启动按钮、安全信号旗等。

2. 安全色的对比色

对比色是使安全色更加醒目的反衬色。常用的对比色及相间条纹的含义如下：

① 白色和红色相间条纹的含义是禁止通过，如交通、公路上用的防护栏杆；

② 黑色与黄色相间条纹的含义是警告、危险，如工矿企业内部的防护栏杆、吊车吊钩的滑轮架，铁路和公路交叉道口上的防护栏杆；

③ 蓝色和白色相间条纹的含义是指示性导向，如应用于道路交通的指示性标志。

二、安全标志

1. 安全标志的定义

《安全标志及其使用导则》（GB 2894—2008）规定了传递安全信息的标志及其设置、使用的原则。安全标志是用以表达特定安全信息的标志，由图形符号、安全色、几何形状、边框或文字构成。

2. 安全标志的类别

安全标志分为禁止标志、警告标志、指令标志和提示标志。

（1）禁止标志 禁止标志是禁止人们不安全行为的图形标志。禁止标志的几何图形是带斜杠的圆环，其中圆环与斜杠相连，用红色；图形符号用黑色，背景用白色。

《安全标志及其使用导则》（GB 2894—2008）规定的禁止标志共有 40 个。常见的禁止标志有：禁放易燃物、禁止吸烟、禁止通行、禁止烟火、禁止用水灭火、禁带火种、禁止启动、禁止转动、运转时禁止加油、禁止跨越、禁止乘车、禁止攀登等。

（2）警告标志 警告标志是提醒人们对周围环境引起注意，以避免可能发生危险的图形标志。警告标志的几何图形是黑色的正三角形、黑色符号和黄色背景。

《安全标志及其使用导则》（GB 2894—2008）规定的警告标志共有 39 个。常见的警告标志有：注意安全、当心触电、当心爆炸、当心火灾、当心腐蚀、当心中毒、当心机械伤人、当心伤手、当心吊物、当心扎脚、当心落物、当心坠落、当心车辆、当心弧光、当心冒顶、当心瓦斯、当心塌方、当心坑洞、当心电离辐射、当心裂变物质、当心激光、当心微波、当心滑倒等。

（3）指令标志 指令标志是强制人们必须做出某种动作或采用防范措施的图形标志。指令标志的几何图形是圆形，蓝色背景，白色图形符号。

《安全标志及其使用导则》（GB 2894—2008）规定的指令标志共有 16 个。常见的指令标志有：必须戴安全帽、必须穿防护鞋、必须戴防毒面具、必须戴防护眼镜、必须系安全带、必须戴护耳器、必须戴防护手套、必须穿防护服等。

（4）提示标志 提示标志是向人们提供某种信息（如标明安全设施或场所等）的图形标志。提示标志的几何图形是方形，绿色背景，白色图形符号及文字。

《安全标志及其使用导则》（GB 2894—2008）规定的提示标志共有 8 个。常见的一般提示标志有：安全通道、避险处等。

图 3-3 为典型安全标志。

图 3-3 安全标志

3. 安全标志牌识读

① 标志牌应设在与安全有关的醒目地方，并使大家看见后，有足够的时间来注意它所表示的内容。环境信息标志宜设在有关场所的入口处和醒目处；局部信息标志应设在所涉及的相应危险地点或设备（部件）附近的醒目处。

② 标志牌不应设在门、窗、架等可移动的物体上，以免这些物体位置移动后，看不见安全标志。标志牌前不得放置妨碍认读的障碍物。

③ 标志牌的平面与视线夹角应接近90°，观察者位于最大观察距离时，最小夹角不低于75°。

④ 标志牌应设置在明亮的环境中。

⑤ 多个标志牌在一起设置时，应按警告、禁止、指令、提示类型的顺序，先左后右、先上后下地排列。

⑥ 标志牌的固定方式分附着式、悬挂式和柱式三种。悬挂式和附着式的固定应稳固不倾斜，柱式的标志牌和支架应牢固地连接在一起。

⑦ 标志牌设置的高度，应尽量与人眼的视线高度相一致。悬挂式和柱式的环境信息标志牌的下缘距地面的高度不宜小于2m；局部信息标志的设置高度应视具体情况确定。

三、职业危害标志

用人单位应在产生或存在职业病危害因素的工作场所、作业岗位、设备、材料（产品）包装、储存场所设置相应的警示标识。

1. 警示标识设置

产生职业病危害的工作场所，应当在工作场所入口处及产生职业病危害的作业岗位或设备附近的醒目位置设置警示标识。

（1）产生粉尘的工作场所　设置"注意防尘""戴防尘口罩""注意通风"等警示标识，产生对皮肤有刺激性或能经皮肤吸收的粉尘的工作场所还应设置"穿防护服""戴防护手套""戴防护眼镜"警示标识，产生含有有毒物质的混合性粉（烟）尘的工作场所应设置"戴防尘毒口罩"警示标识。

（2）放射工作场所　设置"当心电离辐射"等警示标识，在开放性同位素工作场所设置"当心裂变物质"。

（3）有毒物品工作场所　设置"禁止入内""当心中毒""当心有毒气体""必须洗手""穿防护服""戴防毒面具""戴防护手套""戴防护眼镜""注意通风"等警示标识，并标明"紧急出口""救援电话"等警示标识。

（4）能引起职业性灼伤或腐蚀的化学品工作场所　设置"当心腐蚀""腐蚀性""遇湿具有腐蚀性""当心灼伤""穿防护服""戴防护手套""穿防护鞋""戴防护眼镜""戴防毒口罩"等警示标识。

（5）产生噪声的工作场所　设置"噪声有害""戴护耳器"等警示标识。

（6）高温工作场所　设置"当心中暑""注意高温""注意通风"等警示标识。

（7）能引起电光性眼炎的工作场所　设置"当心弧光""戴防护镜"等警示标识。

（8）生物因素所致职业病的工作场所　设置"当心感染"等警示标识。

（9）存在低温作业的工作场所　设置"注意低温""当心冻伤"等警示标识。

（10）密闭空间作业场所　出入口设置"密闭空间作业危险""进入需许可"等警示标识。

（11）产生手传振动的工作场所　设置"振动有害""使用设备时必须戴防振手套"等警示标识。

（12）能引起其他职业病危害的工作场所　设置"注意××危害"等警示标识。

2. 职业危害告知卡

对产生严重职业病危害的作业岗位，除设置警示标识外，还应当在其醒目位置设置职业病危害告知卡（图3-4）。

告知卡应当标明职业病危害因素名称、理化特性、健康危害、接触限值、防护措施、应急处理方式及急救电话、职业病危害因素检测结果及检测时间等。

符合以下条件之一，即为产生严重职业病危害的作业岗位：

① 存在矽尘或石棉粉尘的作业岗位；

② 存在"致癌""致畸"等有害物质或者可能导致急性职业性中毒的作业岗位；

③ 放射性危害作业岗位。

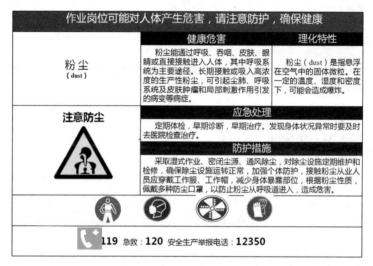

图3-4　职业病危害告知卡

四、气瓶及工业管道标志

除了以上这些安全色和安全标志以外，在工厂中还有一些色标和安全相关，主要是气瓶、管道和电气供电汇流条等的涂色。这些涂色代表了一定的含义。

1. 气瓶的色标

为了能迅速地识别出气瓶内的气体类别，国家对气瓶的色标有规定（GB/T 7144—2016），如表3-2所示。

2. 管道的色标

管道上的色标是为了便于工业管道内的物质识别，确保安全生产，避免在操作或设备检修时发生误判断等情况。

管道色标包含以下几个方面。

表 3-2　常见气体的气瓶色标

充装气体	涂漆颜色	字样	字样颜色
氧	淡蓝	氧	黑
乙炔	白	乙炔 不可近火	大红
液化石油气（民用）	银灰	液化石油气	大红
氢气	淡绿	氢	大红
氩气	银灰	氩	深绿
二氧化碳	铝白	液化二氧化碳	黑
氮气	黑	氮	白
氨气	淡黄	液氨	黑
氯气	深绿	液氯	白
压缩空气	黑	空气	白

(1) 识别色　用以识别工业管道内物质种类的颜色。

根据管道内物质的一般性能，分为八类，并相应规定了八种基本识别色和相应的颜色标准，如表 3-3 所示。

表 3-3　常见物质管道识别色表

物质种类	基本识别色
水	艳绿
水蒸气	大红
空气	淡灰
气体	中黄
酸或碱	紫
可燃液体	棕
其他液体	黑
氧	淡蓝

(2) 识别符号　用以识别工业管道内物质名称和状态的记号。

工业管道的识别符号由物质名称、流向和主要工艺参数等组成，如图 3-5(a) 所示。其标识应符合下列要求。

① 物质名称的标识：物质全称，例如氮气、硫酸、甲醇；化学分子式，例如 N_2、H_2SO_4、CH_3OH。

② 物质流向的标识：管道内物质的流向用箭头表示。如果管道内物质的流向是双向的，则以双向箭头表示。

③ 物质的压力、温度、流速等主要工艺参数的标识，使用方可按需自行确定采用。

(3) 危险标识　表示工业管道内的物质为危险化学品。

① 适用范围：管道内的物质，凡属于 GB 13690—2009 所列的危险化学品，其管道均应设置危险标识。

② 表示方法：在管道上涂 150mm 宽黄色，在黄色两侧各涂 25mm 宽黑色的色环或色

带，如图 3-5(b) 所示。安全色范围应符合 GB 2893—2008 的规定。

(a) 管道识别符号组成

(b) 危险标识

(c) 消防标识

图 3-5　管道标识

③ 表示场所：基本识别色的标识上或附近。

(4) 消防标识　表示工业管道内的物质专用于灭火。

工业生产中设置的消防专用管道应遵守 GB 13495.1—2015 的规定，并在管道上标识"消防专用"识别符号。如图 3-5(c) 所示。

某加工厂有机械加工车间一个，里面有车床、钻床、磨床等机械加工设备，请给车间设置安全色和安全标志。把给出的安全标志布置在合适位置。

模块四

应急管理

　　随着现代工业的迅猛发展，生产过程中存在着巨大能量和危险有害物质，一旦发生重大事故，往往造成惨重的人员伤亡、财产损失和环境破坏。由于自然或技术的局限等原因，对于不可能完全避免的重大事故或灾害，建立重大事故应急救援体系，实施及时有效的应急救援行动，已成为抵御重大事故风险、控制灾害蔓延、降低危害后果的重要手段。

任务一
应急救援预案编制

 学习目标

知识目标：了解应急管理的基本概念；掌握应急救援预案的分级、分类和基本要素。
能力目标：能够参与企业事故应急救援预案的制定。
素质目标：培养正确的安全价值观、安全意识和团队合作意识。

2016年12月3日11时30分左右，内蒙古赤峰市的某公司发生特别重大瓦斯爆炸事故，事故发生时，共有181人在井下进行作业。事故发生后，公司内部以及相关单位救援人员立即开展救援，于4日上午完成救援工作，共有149人安全升井，32人不幸遇难，受伤人员经救护已全部脱离生命危险。

结合上述材料，谈谈应急救援的作用是什么，为什么要编制应急救援预案，根据实际情况完成应急预案的编制。

一、基本概念

1. 突发事件

突发事件是指突然发生，造成或者可能造成严重社会危害，需要采取应急处置措施予以应对的自然灾害、事故灾难、公共卫生事件和社会安全事件。

2. 应急管理

应急管理是在应对突发事件过程中，为了降低突发事件的危害，达到优化决策的目的，基于对突发事件的原因过程及后果进行分析，有效集成社会各方面的相关资源，对突发事件进行有效预警、控制和处理的过程。

3. 应急救援预案

应急救援预案是事先针对可能发生的事故（件）或灾害进行预测而预先制定的应急与救援行动，降低事故损失的有关救援措施、计划或方案。

事故应急预案在应急救援体系中起着关键作用，它明确了在突发事故发生之前、发生过程中以及刚刚结束之后，谁负责做什么、何时做，以及相应的策略和资源准备等。它是针对可能发生的重大事故及其影响和后果的严重程度，为应急准备和应急响应的各个方面所预先做出的详细安排，是开展及时、有序和有效的事故应急救援工作的行动指南。

二、应急管理过程

应急管理是对重大事故的全过程管理，贯穿于事故发生前、中、后的各个过程。应急管理是一个动态的过程，包括预防、准备、响应和恢复工作 4 个相互关联的阶段。

1. 预防

在应急管理中预防有两层含义，首先是事故的预防工作，即通过安全管理和安全技术等手段，尽可能地防止事故的发生，实现本质安全；其次是在假定事故必然发生的前提下，通过预先采取的预防措施，达到降低或减缓事故的影响或后果的目的。

2. 准备

应急准备是应急管理过程中一个极其关键的过程。它是针对可能发生的事故，为迅速有效地开展应急行动而预先所做的各种准备，包括：应急体系的建立、有关部门和人员职责的落实、预案的编制、应急队伍的建设、应急设备（施）与物资的准备和维护、预案的演练、与外部应急力量的衔接等，其目标是保持重大事故应急救援所需的应急能力。

3. 响应

响应是在事故发生后立即采取的应急与救援行动，包括：事故的报警与通知人员的紧急疏散、急救与医疗、消防和工程抢险措施、信息收集与应急决策、外部求援等。其目标是尽可能地抢救受害人员，保护可能受威胁的人群，尽可能控制并消除事故。

4. 恢复工作

恢复工作应在事故发生后立即进行。首先应使事故影响区域恢复到相对安全的基本状态，然后逐步恢复到正常状态，要求立即进行的恢复工作包括事故损失评估、原因调查、清理废物等。在短期恢复工作中，应注意避免出现新的紧急情况（如灾后疫情），长期恢复包括厂区重建和受影响区域的重新规划和发展。

三、应急预案编制程序

生产经营单位应急预案编制程序包括成立应急预案编制工作组、资料收集、风险评估、应急资源调查、应急预案编制、桌面推演、应急预案的评审与发布和应急预案实施八个步骤。

1. 成立应急预案编制工作组

结合本单位职能和分工，成立以单位有关负责人为组长，单位相关部门人员（如生产、技术、设备、行政、人事、财务人员）参加的应急预案编制工作组。明确工作职责和任务分工，制订工作计划，组织开展应急预案编制工作。应急预案编制工作组中应邀请相关救援队伍以及周边相关企业、单位或社区代表参加。

2. 资料收集

应急预案编制工作组应收集下列相关资料：

① 适用的法律法规、部门规章、地方性法规和政府规章、技术标准及规范性文件；
② 企业周边地质、地形、环境情况及气象、水文、交通资料；
③ 企业现场功能区划分、建（构）筑物平面布置及安全距离资料；
④ 企业工艺流程、工艺参数、作业条件、设备装置及风险评估资料；
⑤ 本企业历史事故与隐患、国内外同行业事故资料；
⑥ 属地政府及周边企业、单位应急预案。

3. 风险评估

开展生产安全事故风险评估，撰写评估报告，其内容包括但不限于：

① 辨识生产经营单位存在的危险有害因素，确定可能发生的生产安全事故类别；
② 分析各种事故类别发生的可能性、危害后果和影响范围；
③ 评估确定相应事故类别的风险等级。

4. 应急资源调查

全面调查和客观分析本单位以及周边单位和政府部门可请求援助的应急资源状况，撰写应急资源调查报告，其内容包括但不限于：

① 本单位可调用的应急队伍、装备、物资、场所；
② 针对生产过程及存在的风险可采取的监测、监控、报警手段；
③ 上级单位、当地政府及周边企业可提供的应急资源；
④ 可协调使用的医疗、消防、专业抢险救援机构及其他社会应急救援力量。

5. 应急预案编制

依据生产经营单位风险评估及应急能力评估结果，确定本单位应急预案体系框架，并依据分工组织编制。应急预案编制应注重系统性和可操作性，做到与相关部门和单位应急预案相衔接。

6. 桌面推演

按照应急预案明确的职责分工和应急响应程序，结合有关经验教训，相关部门及其人员可采取桌面演练的形式，模拟生产安全事故应对过程，逐步分析讨论并形成记录，检验应急预案的可行性，并进一步完善应急预案。

7. 应急预案的评审与发布

应急预案编制完成后，生产经营单位应组织评审。评审分为内部评审和外部评审，以确保应急预案的科学性、合理性以及与实际情况的符合性。内部评审由生产经营单位主要负责人组织本单位有关部门和人员进行评审，外部评审由生产经营单位组织外部有关专家和人员进行评审。应急预案评审合格后，由生产经营单位主要负责人签发实施，并进行备案管理。

8. 应急预案实施

应急预案经批准发布后，应组织落实预案中的各项工作，如开展应急预案宣传、教育和培训，落实应急资源并定期检查，确保应急设备设施始终处于正常状态，依法依规组织开展应急演习和训练，建立电子化的应急预案，对应急预案实施动态管理与更新，并不断完善。

四、事故应急预案体系构建

生产经营单位应急预案分为综合应急预案、专项应急预案和现场处置方案。生产经营单位应根据有关法律、法规和相关标准，结合本单位组织管理体系、生产规模和可能发生的事故特点，科学合理确立本单位的应急预案体系，并注意与其他类别应急预案相衔接。

1. 综合应急预案

综合应急预案是生产经营单位为应对各种生产安全事故而制定的综合性工作方案，是本单位应对生产安全事故的总体工作程序、措施和应急预案体系的总纲。

2. 专项应急预案

专项应急预案是指生产经营单位为应对某一种（如危险物质泄漏、火灾、某一自然灾害）或者几种类型生产安全事故，或者针对重要生产设施、重大危险源、重大活动的生产安全事故而制定的专项性工作方案。

专项应急预案与综合应急预案中的应急组织机构、应急响应程序相近时，可不编写专项应急预案，相应的应急处置措施并入综合应急预案。

3. 现场处置方案

现场处置方案是生产经营单位根据不同生产安全事故类型，针对具体场所、装置或者设施所制定的应急处置措施。事故风险单一、危险性小的生产经营单位，可只编制现场处置方案。

五、综合应急预案的主要内容

1. 总则

（1）编制目的　简述应急预案编制的目的、作用等。

（2）编制依据　简述应急预案编制所依据的法律法规、规章，以及有关行业管理规定、技术规范和标准等。

（3）适用范围　说明应急预案适用的区域范围以及事故的类型、级别。

（4）预案体系　说明本单位应急预案体系的构成情况。

(5) 应急工作原则　说明本单位应急工作的原则，内容应简明扼要、明确具体。

2. 事故风险描述

简述生产经营单位存在或可能发生的事故风险种类、发生的可能性、严重程度及影响范围等。

3. 应急组织机构及职责

明确生产经营单位的应急组织形式及组成单位或人员，可用结构图的形式表示，明确构成部门的职责。

4. 预警及信息报告

① 根据生产经营单位监测监控系统数据变化状况、事故险情紧急程度和发展势态或有关部门提供的信息，明确预警的条件、方式、方法和信息发布的程序。

② 按照有关规定，明确事故及未遂伤亡事故信息报告与处置办法。

信息报告与通知：明确24小时应急值守电话、事故信息接收和通报程序。

信息上报：明确事故发生后向上级主管部门和地方人民政府报告事故信息的流程、内容和时限。

信息传递：明确事故发生后向有关部门或单位通报事故信息的方法和程序。

5. 应急响应

(1) 响应分级　针对事故危害程度、影响范围和生产经营单位控制事态的能力，对事故应急响应进行分级，明确响应分级的基本原则。

(2) 响应程序　根据事故级别和发展态势，描述应急指挥机构启动、应急资源调配、应急救援、应急扩大等响应程序。

(3) 处置措施　针对可能发生的事故风险、事故危害程度和影响范围，制定相应的应急处置措施，明确处置原则和具体要求。

(4) 应急结束　明确应急终止的条件。事故现场得以控制，环境符合有关标准，消除次生、衍生事故隐患，经事故现场应急指挥机构批准后，现场应急结束。应急结束后，应明确：事故情况上报事项；需向事故调查处理小组移交的相关事项；事故应急救援工作总结报告。

6. 信息公开

明确通报事故信息的部门、负责人和程序以及通报原则。

7. 后期处置

主要明确污染物处理、恢复、救护、善后赔偿、应急救援评估等内容。

8. 保障措施

(1) 通信与信息保障　明确与应急工作相关联的单位或人员的通信联系方式和方法，并提供备用方案。建立信息通信系统，明确维护方案，确保应急期间信息通畅。

(2) 应急队伍保障　明确各类应急响应的人力资源，包括专业应急队伍、兼职应急队伍的组织与保障方法。

(3) 应急物资装备保障　明确应急救援需要使用的应急物资和装备的类型、数量、性能、存放位置、管理责任人及其联系方式等内容。

(4) 经费保障　明确应急专项经费来源、使用范围、数量和监督管理措施，保障应急状态时生产经营单位应急经费的及时到位。

9. 应急预案管理

（1）应急预案培训　明确培训计划、方式和要求，使有关人员了解相关预案内容，熟悉应急职责、应急程序和现场处置方案。

（2）应急预案演练　明确生产经营单位不同类型应急预案演练的形式、范围、频次、内容以及演练评估、总结等要求。

（3）应急预案修订　明确应急预案修订的基本要求，并定期进行评审实现可持续改进。

（4）应急预案备案　明确应急预案的上报部门，并进行备案。

（5）应急预案实施　明确应急预案实施的具体时间、负责制定与解释的部门。

六、专项应急预案内容

1. 适用范围

说明专项应急预案适用的范围，以及与综合应急预案的关系。

2. 应急组织机构及职责

明确应急组织形式（可用图示）及构成单位（部门）的应急处置职责。应急组织机构以及各成员、单位各人员的具体职责。应急组织机构可以设置相应的应急工作小组，各小组的构成、职责分工及行动任务建议以工作方案的形式作为附件。

3. 响应启动

明确响应启动后的程序性工作，包括应急会议召开、信息上报、资源协调、信息公开、后勤及财力保障工作。

4. 处置措施

针对可能发生的事故风险、危害程度和影响范围，明确应急处置指导原则，制定相应的应急处置措施。

5. 应急保障

根据应急工作需求明确保障的内容。

七、现场处置方案内容

1. 事故风险描述

简述事故风险评估的结果（可用列表的形式列在附件中）。

2. 应急工作职责

明确应急组织分工和职责。

3. 应急处置

包括但不限于下列内容：

① 应急处置程序。根据可能发生的事故及现场情况，明确事故报警、各项应急措施启动、应急救护人员的引导、事故扩大及同生产经营单位应急预案的衔接程序。

② 现场应急处置措施。针对可能发生的事故从人员救护、工艺操作、事故控制、消防、现场恢复等方面制定明确的应急处置措施。

③ 明确报警负责人、报警电话及上级管理部门、相关应急救援单位联络方式和联系人员，明确事故报告基本要求和内容。

4. 注意事项

包括人员防护和自救互救、装备使用、现场安全等方面的内容。

八、应用案例

××化学工业股份有限公司化肥厂重大事故应急救援预案

1. 企业基本情况

（1）企业简介（略）

（2）企业基本情况（略） 主要包括：企业主要装置的生产能力及产量；化学危险物品的品名及正常储量；厂内职工三班的分布人数；工厂地理位置，地形特点；厂区占地面积，周边纵向、横向距离；距厂围墙外500m、1000m范围内的居民（包括工矿企事业单位及人数）；气象状况等。

（3）危险性分析 本厂是一个以生产化肥为主的大型化工企业，工艺流程复杂，具有易燃、易爆、有毒及生产过程连续性的特点。主要产品有合成氨、硝酸铵、尿素、浓硝酸、辛醇、甲醇等25种。

上述物质在突然泄漏、操作失控或自然灾害的情况下，存在着火灾爆炸、人员中毒、窒息等严重事故的潜在危险。

本厂化学事故的可能性尤以NH_3（氨气、液氨）储存量最大而最危险。

（4）厂内外消防设施及人员状况 本厂上级公司建有企业专职消防队。市消防中队有消防车×辆驻本厂，专职消防队员××人。

本厂设有气体防护站，救护车×台，专职防护员××人，司机×人，器材维修工×人，防护站长×人。

（5）本厂医疗设施及厂外医疗结构 本厂有防化民兵连应急分队××人，厂前有职工医院驻厂卫生所，有医护人员××人。全厂职工基本熟知防护常识。

2. 重大危险源的确定及分布

① 根据本厂生产、使用、储存化学危险物品的品种、数量、危险性质以及可能引起重大事故的特点，确定以下三个危险场所（设备）为重大危险源。

1号危险源——合成车间671工号9台卧式液氨储槽，$9 \times 70 m^3 = 630 m^3$。

2号危险源——合成车间671工号室外西北角2个液氨球罐，$2 \times 120 m^3 = 240 m^3$。

3号危险源——合成车间两台氨气柜一大一小，大气柜已报废，小气柜$1 \times 2400 m^3 = 2400 m^3$。

危险源分布见附图（略）。

② 毒物名称、级别、波及范围。NH_3（氨气、液氨）发生事故部位、级别、可能波及的范围如下（略）。

3. 应急救援指挥部的组成、职责和分工

（1）指挥机构 工厂成立重大事故应急救援指挥领导小组，由厂长、有关副厂长及生产、安全、设备、保卫、卫生、环保等部门领导组成，下设应急救援办公室（设在安全防火处），日常工作由安全防火处兼管。发生重大事故时，以指挥领导小组为基础，即重大事故应急救援指挥部，厂长任总指挥，有关副厂长任副总指挥，负责全厂应急救援工作的组织和指挥,指挥部设在生产调度室。

注:如果厂长和副厂长不在工厂时,由总调度长和安全防火处处长为临时总指挥和副总指挥,全权负责应急救援工作。

(2)职责

① 指挥领导小组:负责本单位预案的制定、修订;组建应急救援专业队伍,并组织实施和演练;检查督促做好重大事故的预防措施和应急救援的各项准备工作。

② 指挥部:发生事故时,由指挥部发布和解除应急救援命令、信号;组织指挥救援队伍实施救援行动;向上级汇报和向友邻单位通报事故情况,必要时向有关单位发出救援请求;组织事故调查,总结应急救援工作经验教训。

③ 指挥部人员分工:总指挥组织指挥全厂的应急救援工作;副总指挥协助总指挥负责应急救援的具体指挥工作。

④ 指挥部成员如下:

安全处长协助总指挥做好事故报警、情况通报及事故处置工作。

公安处长负责灭火、警戒、治安保卫、疏散、道路管制工作。

生产处长(或总调度长)负责事故处置时生产系统开、停车调度工作;负责事故现场通信联络和对外联系;负责事故现场及有害物质扩散区域内的洗消、监测工作;必要时代表指挥部对外发布有关信息。

设备处长协助总指挥负责工程抢险、抢修的现场指挥。

卫生所所长(包括气体防护站站长)负责现场医疗救护指挥及中毒、受伤人员分类抢救和护送转院工作。

供销处长(包括车管站站长)负责抢险救援物资的供应和运输工作。

4. 救援专业队伍的组成及分工

工厂各职能部门和全体职工都负有重大事故应急救援的责任,各救援专业队伍是重大事故应急救援的骨干力量,其任务主要是担负本厂各类化学事故的救援及处置。救援专业队伍的组成(略),任务分工如下。

① 通信联络队由公安处、安全处、生产处、调度室组成,每处出×人,共×人。

负责人:公安处处长,担负各队之间的联络和对外联系通信任务。

② 治安队由公安处负责组成,共××人。

负责人:公安处处长,担负现场治安,交通指挥,设立警戒,指导群众疏散的任务。

③ 防化连应急分队由武装部负责组成,共××人。

负责人:武装部部长,负责查明毒物性质,提出补救措施,抢救伤员,指导群众疏散。

④ 消防队驻厂消防队××人。公司消防队、市消防队。

负责人:安全防火处处长,担负灭火、洗消和抢救伤员的任务。

⑤ 抢险抢修队由机械设备处、动力处、机修车间和电修车间组成,共××人。包括:铆管工、电(气)焊工、电工、起重工、钳工等。

负责人:机械设备处处长和动力处处长,负责抢险抢修指挥协调。

⑥ 医疗救护队由驻厂卫生所和气体防护站组成,共××人。

负责人:安全防火处副处长、气防站站长、卫生所所长,负责抢救受伤、中毒人员。

⑦ 物资供应队由供销处、行政处组成,共××人。

负责人：两处处长，担负伤员生活必需品和抢救物资的供应任务。

⑧ 运输队由车管站组成，共××人。

负责人：站长，担负物资的运输任务。

5. NH_3（氨气、液氨）重大事故的处置

本厂生产过程中有可能发生 NH_3（氨气、液氨）泄漏事故，主要部位如前所述的 1 号危险源，其泄漏量视泄漏点设备的腐蚀程度、工作压力等条件不同而异。泄漏时又可因季节、风向等因素，波及范围也不一样。事故起因也是多样的，如：操作失误、设备失修、腐蚀、工艺失控、物料不纯等原因。

NH_3 一般事故：可因设备的微量泄漏而发生，由安全报警系统、岗位操作人员巡检等方式及早发现，采取相应措施，予以处理。

NH_3 重大事故：可因设备事故、氨气柜的大量泄漏而发生重大事故，报警系统或操作人员虽能及时发现，但一时难以控制。

毒物泄漏后，可能造成人员伤亡或伤害，波及周边范围：无风向××m左右，顺风向波及××m。当发生 NH_3 泄漏事故时，应采取以下应急救援措施。

① 最早发现者应立即向厂调度室、消防队报警，并采取一切办法切断事故源。

② 调度接到报警后，应迅速通知有关部门、车间，要求查明 NH_3 外泄部位（装置）和原因，下达按应急救援预案处置的指令，同时发出警报，通知指挥部成员及消防队和各专业救援队伍迅速赶往事故现场。

③ 指挥部成员通知所在处室按专业对口迅速向主管上级公安、劳动、环保、卫生等领导机关报告事故情况。

④ 发生事故的车间，应迅速查明事故发生源点、泄漏部位和原因。凡能通过切断物料或倒槽等处理措施而消除事故的，则以自救为主。如泄漏部位是自己不能控制的，应向指挥部报告并提出堵漏或抢修的具体措施。

⑤ 消防队到达事故现场后，消防人员佩戴好空气面具，首先查明现场有无中毒人员，以最快速度使中毒者脱离现场，严重者尽快送医院抢救。

⑥ 指挥部成员到达事故现场后，根据事故状态及危害程度做出相应的应急决定，并命令各应急救援队立即开展救援。如事故扩大时，应请求支援。

⑦ 生产处、安全处到达事故现场后，会同发生事故的单位，在查明 NH_3 泄漏部位和范围后视能否控制，做出局部或全部停车的决定。若需紧急停车则按紧急停车程序通过三级调度网，即厂调度员、车间值班长和班长迅速执行。

⑧ 治安队到达现场后，担负治安和交通指挥的任务，组织纠察，在事故现场周围设岗，划分禁区并加强警戒和巡逻检查。如当 NH_3 扩散危及厂内外人员安全时，应迅速组织有关人员协助，友邻单位、厂区外过往行人在区、市指挥部指挥协调下，向上侧风方向的安全地带疏散。

⑨ 医疗救护队到达现场后，与消防队配合，应立即救护伤员和中毒人员，对中毒人员应根据中毒症状及时采取相应的急救措施，对伤员进行清洗包扎或输氧急救，重伤员及时送往医院抢救。

⑩ 生产技术处到达事故现场后，查明 NH_3 浓度和扩散情况，根据当时风向、风速，判断扩散的方向和速度，并对泄漏下风扩散区域进行监测，确定结果，监测情况及时向指挥部

报告，必要时根据指挥部决定通知扩散区域内的群众撤离或指导采取简易有效的保护措施。

⑪ 抢险抢修队到达现场后，根据指挥部下达的抢修指令，迅速进行设备抢修，控制事故以防事故扩大。

⑫ 当事故得到控制后，立即成立两个专门工作小组。

在生产副厂长指挥下，组成由安全、保卫、生产、技术、环保、设备和发生事故单位参加的事故调查小组，调查事故发生原因和研究制定防范措施。

在设备副厂长指挥下，组成由设备、动力、机修、电修和发生事故单位参加的抢修小组，研究制定抢修方案并立即组织抢修，尽早恢复生产。夜间发生事故，由厂总值班及调度室按应急救援预案，组织指挥事故处置和落实抢修任务。

6. 信号规定

厂救援信号主要使用电话报警联络。

厂报警电话×××。

消防队（驻厂）电话×××。

市消防电话 119。

调度室电话×××。

气体防护站电话×××。

危险调度室设有对讲机××部。

危险区边界警戒线为黄黑带，警戒哨佩戴臂章，救护车闪灯鸣笛。

7. 有关规定和要求

为能在事故发生后，迅速准确、有条不紊地处理事故，尽可能减小事故造成的损失，平时必须做好应急救援的准备工作，落实岗位责任制和各项制度。具体措施如下。

① 落实应急救援组织，救援指挥部成员和救援人员应按照专业分工，本着专业对口、便于领导、便于集结和开展救援的原则，建立组织，落实人员，每年初要根据人员变化进行组织调整，确保救援组织的落实。

② 按照任务分工做好物资器材准备，如：必要的指挥通信、报警、洗消；消防、抢修等器材及交通工具。上述各种器材应指定专人保管，并定期检查保养，使其处于良好状态，各重点目标设救援器材柜，专人保管以备急用。

③ 定期组织救援训练和学习，各队按专业分工每年训练两次，提高指挥水平和救援能力。

④ 对全厂职工进行经常性的应急常识教育。

⑤ 建立完善各项制度

a. 值班制度，建立昼夜值班制度（工厂和各处室、车间均昼夜值班）。

b. 气体防护站 24h 值班制，每班×人；救护车内配备器材：担架×具、防毒衣×件、医务箱×个、防爆电筒×个、氧气呼吸器×部。

防护站接到事故报警后，立即全副着装，出动急救车到达毒区，按调度指挥实施抢救等多项工作。

c. 检查制度，每月结合安全生产工作检查，定期检查应急救援工作落实情况及器具保管情况。

d. 例会制度，每季度第一个月的第一周召开领导小组成员和救援队负责人会议，研究应急救援工作。

e. 总结评比工作,与安全生产工作同检查、同讲评、同表彰奖励。

附:① NH_3 的一般常识(略)。

② 本厂化学事故应急救援指挥序列图(略)。

③ 本厂危险目标图及救援路线图示(略)。

结合本节内容及实际情况,以小组为单位,编制"××学院宿舍火灾应急预案"。

任务二
事故应急演练

 学习目标

知识目标：掌握应急演练的分类、实施步骤。
能力目标：能够根据应急预案组织应急演练及应急演练的评估。
素质目标：培养正确的安全价值观、安全意识和团队合作意识。

案例

2008年，四川"5·12"汶川大地震中，人员伤亡惨重，灾区中、小学校尤甚，而位于地震核心区的绵阳市安县桑枣中学2300名师生在这场大地震中，均从剧烈晃动中的5层教学楼撤离，仅用了1分36秒，无一人伤亡，创造了巨灾避灾的奇迹。其中一个非常重要的原因就是该校从2005年起，每学期都要组织全校师生进行紧急疏散演练，每次活动都制定详细的演练方案，认真组织和安排，演练结束后还要进行考评总结，不断加以改进。反复的应急演练，造就了训练有素的老师和学生，在地震来临时能够从容不迫，按照演练时既定的程序有序撤离。

根据应急预案内容完成应急演练。

应急演练就是针对可能发生的事故情景（所谓事故情景就是针对生产经营过程中存在的事故风险，而预先设定的事故状况，包括事故发生的时间、地点、特征、波及范围以及变化趋势等），依据应急预案模拟开展的应急活动。

《生产安全事故应急条例》第八条规定："易燃易爆物品、危险化学品等危险物品的生产、经营、储存、运输单位，矿山、金属冶炼、城市轨道交通运营、建筑施工单位，以及宾馆、商场、娱乐场所、旅游景区等人员密集场所经营单位，应当至少每半年组织1次生产安全事故应急救援预案演练，并将演练情况报送所在地县级以上地方人民政府负有安全生产监督管理职责的部门。"

一、应急演练目的和工作原则

1. 应急演练的目的

应急演练目的主要包括：①检验预案。发现应急预案中存在的问题，提高应急预案的针对性、实用性和可操作性。②完善准备。完善应急管理标准制度，改进应急处置技术，补充应急物资，补充应急装备和物资，提高应急能力。③磨合机制。完善应急管理部门、相关单位和人员的工作职责，提高协调配合能力。④宣传教育。普及应急管理知识，提高参演和观摩人员风险防范意识和自救互救能力。⑤锻炼队伍。熟悉应急预案，提高应急人员在紧急情况下妥善处置事故的能力。

2. 应急演练工作原则

应急演练应遵循以下原则：①符合相关规定。按照国家相关法律法规、标准及有关规定组织开展演练。②依据预案演练。结合生产面临的风险及事故特点，依据应急预案组织开展演练。③注重应急能力提高。突出以提高指挥协调能力、应急处置能力和应急准备能力组织开展演练。④确保安全有序。在保证参演人员、设备、设施及演练场所安全的条件下开展演练。

二、应急演练分类

1. 按照形式可分为桌面演练和实战演练

（1）桌面演练　桌面演练是指设置情景事件要素，在室内会议桌面（图纸、沙盘、计算机系统）上，按照应急预案模拟实施预警、应急响应、指挥与协调、现场处置与救援等应急行动和应对措施的演练活动。模拟场景演练以桌面练习和讨论的形式对应急过程进行模拟和演练。

（2）实战演练　实战演练，是指选择（或模拟）生产建设某个工艺流程或场所，现场设置情景事件要素，并按照应急预案组织实施预警、应急响应、指挥与协调、现场处置与救援等应急行动和应对措施的演练活动。实战演练可包括单项或综合性的演练，涉及实际的应急、救援处置等。模拟与实战结合的演练形式是对前面两种形式的综合。

2. 按照演练内容可分为单项演练和综合演练

（1）单项演练　单项演练是指只涉及应急预案中特定应急响应功能或现场处置方案中一系列应急响应功能的演练活动。注重针对一个或少数几个参与单位（岗位）的特定环节和功能进行检验。

（2）综合演练　综合演练是指涉及应急预案中多项或全部应急响应功能的演练活动。注重对多个环节和功能进行检验，特别是对不同单位之间应急机制和联合应对能力的检验。

3. 按演练目的和作用可分为检验性演练、示范性演练和研究性演练

（1）检验性演练　是指为了检验应急预案的可行性及应急准备的充分性而组织的演练。

（2）示范性演练　是指为了向参观、学习人员提供示范，为普及、宣传应急知识而组织的观摩性演练。

（3）研究型演练　是为了研究突发事件应急处置的有效方法，试验应急技术、设施和设备，探索存在问题的解决方案等而组织的演练。

三、演练的参与人员

应急演练的参与人员包括参演人员、控制人员、模拟人员、评价人员和观摩人员。这5类人员在演练过程中都有着重要的作用，并且在演练过程中都应佩戴能表明其身份的识别符。

1. 参演人员

参演人员是指在应急组织中承担具体任务，并在演练过程中尽可能对演练情景或模拟事件做出真实情景下可能采取的响应行动的人员，相当于通常所说的演员。参演人员所承担的具体任务主要包括：

① 救助伤员或被困人员；

② 保护财产或公众健康；

③ 获取并管理各类应急资源；

④ 与其他应急人员协同处理重大事故或紧急事件。

2. 控制人员

控制人员是指根据演练情景，控制演练时间进度的人员。控制人员根据演练方案及演练计划的要求，引导参演人员按响应程序行动，并不断给出情况或消息，供参演的指挥人员进行判断、提出对策。其主要任务包括：

① 确保规定的演练项目得到充分的演练，以利于评价工作的开展；

② 确保演练活动的任务量和挑战性；

③ 确保演练的进度；

④ 解答参演人员的疑问，解决演练过程中出现的问题；

⑤ 保障演练过程的安全。

3. 模拟人员

模拟人员是指演练过程中扮演、代替某些应急组织和服务部门，或模拟紧急事件、事态发展的人员。其主要任务包括：

① 扮演、替代正常情况或响应实际紧急事件时应与应急指挥中心、现场应急指挥所相

互作用的机构或服务部门（由于各方面的原因，这些机构或服务部门并不参与此次演练）；

② 模拟事故的发生过程，如释放烟雾、模拟气象条件、模拟泄漏等；

③ 模拟受害或受影响人员。

4. 评价人员

评价人员是指负责观察演练进展情况并予以记录的人员。其主要任务包括：

① 观察参演人员的应急行动，并记录观察结果；

② 在不干扰参演人员工作的情况下，协助控制人员确保演练按计划进行。

5. 观摩人员

观摩人员是指来自有关部门、外部机构以及旁观演练过程的观众。

四、应急演练实施

应急演练实施是将演练方案付诸行动的过程，是整个演练程序中的核心环节。应急演练实施应包括下列内容。

1. 计划

一般包括演练的目的、方式、时间、地点、日程安排、演练策划领导小组和工作小组构成、经费预算和保障措施等。

2. 准备

应急演练准备应包括下列几方面内容。

（1）成立演练组织机构　综合演练通常应成立演练领导小组，负责演练活动筹备和实施过程中的组织领导工作，审定演练工作方案、演练工作经费、演练评估总结以及其他需要决定的重要事项。演练领导小组下设策划与导调组、宣传组、保障组、评估组。根据演练规模大小，其组织机构可进行调整。

（2）编制文件　包括编制工作方案、演练脚本、评估方案、保障方案、观摩手册、宣传方案等。

（3）工作保障　根据演练工作需要，做好演练组织与实施需要的相关保障条件，包括人员、经费、物资和器材、场地、安全、通信等保障条件。

3. 实施

演练实施是对演练方案付诸行动的过程，是整个演练程序中的核心环节。

（1）现场检查　确认演练所需的工具、设备、设施、技术资料以及参演人员到位。对应急演练安全设备、设施进行检查确认，确保安全保障方案可行，所有设备、设施完好，电力、通信系统正常。

（2）演练简介　应急演练正式开始前，应对参演人员进行情况说明，使其了解应急演练规则、场景及主要内容、岗位职责和注意事项。

（3）启动　应急演练总指挥宣布开始应急演练，参演单位及人员按照设定的事故情景，参与应急响应行动，直至完成全部演练工作。演练总指挥可根据演练现场情况，决定继续或中止演练活动。

（4）执行　按预先确定的演练方案实施。

（5）演练记录　演练实施过程中，安排专门人员采用文字、照片和音像手段记录演练过程。

(6) 中断　在应急演练实施过程中，出现特殊或意外情况，短时间内不能妥善处理或解决时，应急演练总指挥按照事先规定的程序和指令中断应急演练。

(7) 结束　完成各项演练内容后，参演人员进行人数清点和讲评，演练总指挥宣布演练结束。

4. 应急演练评价

(1) 评估　按照《生产安全事故应急演练评估规范》（AQ/T 9009—2015）中 7.1～7.4 要求执行，完成演练评估报告。

(2) 总结　撰写应急演练报告。应急演练结束后，演练组织单位应根据演练记录、演练评估报告、应急预案现场总结材料，对演练进行全面总结，并形成演练书面总结报告。演练总结报告的主要内容包括：演练基本概要，演练发现的问题，取得的经验和教训，应急管理工作建议等。

(3) 演练资料归档　应急演练活动结束后，演练单位应将应急演练工作方案、应急演练书面评估报告、应急演练总结报告等文字资料以及记录演练实施过程的相关图片、视频、音频资料归档保存。

5. 持续改进阶段

首先是应急预案修订完善。根据演练评估报告中对应急预案的改进建议按照程序对预案进行修订完善。

其次是应急管理工作改进。应急演练结束后，演练组织单位应根据应急演练评估报告、总结报告提出的问题和建议对应急管理工作包括应急演练工作进行持续改进；演练组织单位应督促相关部门和人员制订整改计划，明确整改目标，制定整改措施，落实整改资金，并跟踪督查整改情况。

五、应用案例

触电应急预案桌面演练方案

1. 演练目的

为贯彻"安全第一、预防为主、综合治理"的安全生产方针，使各级应急部门、组织和个人在较轻松的环境下，明确和熟悉触电事故应急预案中所规定的职责和程序，提高协调配合和解决问题的能力，×××组织进行本次触电应急预案的桌面演练。

2. 演练时间、地点

时间：××年×月×日下午××

地点：××会议室

3. 参加演练人员

(1) 指挥组

指挥长（班长）：指挥调度、决策。

指挥助理（安全员）：通信联络、监督。

组员：××、××、××、××、××、××、××、××。

(2) 应急抢险组

① 现场灭火救援处置组

组长：××。

组员：××、××、××。

职责：实施抢险灭火行动；救援救护受伤员工；及时向指挥组报告抢险进展情况。

② 疏散警戒组

组长：××。

组员：×××。

职责：负责事故现场的警戒；阻止非抢险救援人员进入现场；负责人员物资车辆疏通；维持治安秩序；负责监督抢险人员的人身安全。

③ 技术后勤保障救治组

组长：×××。

组员：××。

职责：负责现场技术处置，场所设备安全技术指导，员工现场伤情紧急处置，送伤员就医，做好应急扩大准备。

④ 联络协调组

组长：×××。

组员：××、××。

职责：现场保护，救援力量引领，现场资料拍摄。

4. 演练要求

（1）参与人员应认真对待此次桌面演练，认真回答主持人提出的问题，记录演练过程中存在的不足点，提出相应的改进意见，完善应急预案。

（2）演练期间要将手机关闭或设置到静音状态（通信采取模拟通话）。与会人员应自觉服从会议主持人的安排，围绕演练议程进行演练活动。

5. 演练情景流程

（1）预设场景

××××年××月××日×时×分，车间内全体工作人员正紧张有序地进行工组劳动。突然，某设备操作人员开启设备时触电倒地。

（2）演练过程安排

① 初始条件和事件信息发布后，由主持人××提出问题并指定人员发言，是否展开讨论由主持人确定。

a. 问题：请问员工×××，现场发现有人怀疑触电报告后，要做哪些工作？有哪些自我保护措施？

b. 问题：请问员工×××，如何向班长或者指挥长报告现场发生事故信息内容情况？

c. 问题：请问指挥长×××，接到工人触电报告后，要做哪些工作？

d. 问题：请问指挥助理××，接到工人触电报告后，应做出哪些响应行动？

e. 问题：请问现场救援处置组，接到指挥长×××通知后，应做出哪些响应行动？

f. 问题：请问疏散警戒组长，在接到指挥长×××通知后，要做哪些工作？疏散需要注意哪些事项？

g. 问题：请问技术后勤保障救治组，接到指挥长×××通知后，应做出哪些响应行动？有哪些医疗救援应急保障措施？技术上有什么特殊安全要求？

h. 问题：请问指挥长×××，应急救援工作结束后应做好哪些工作？

② 发言人根据自己对事故情景和应急救援预案的理解，条理清晰地阐述问题的解决方法，其他参与者可以在其发言结束后补充或提出建议。

③ 为了保证演练秩序，演练顺序均按编号进行，为保证桌面演练的流畅性，请大家在演练过程中密切关注相关问题编号，演到哪一号问题，演员迅速进入角色；现场处置方案答案为参考要点，参演人员可把自己的想法和习惯用语融入其中。

④ 在座各位结合演练目的，就演练过程中发现的问题，提出不足并提出相关建议。

6. 桌面演练总结

针对这次桌面演练发言及谈论过程中提出的问题作出总结，并提出解决办法，确保各岗位之间的协调合作，全面落实"安全第一、预防为主、综合治理"的安全生产方针，确保工作顺利进行。

主要附件资料：

（1）该演练涉及平面图；
（2）该预案涉及应急器材资源清单；
（3）该预案涉及人员名单；
（4）应急通讯录。

完善任务一编制的"××学院宿舍火灾应急预案"，组织宿舍着火事故应急演练。

任务三
现场急救措施认知

 学习目标

知识目标：熟悉现场急救技术的原则和流程；掌握现场急救技术的心肺复苏、止血、包扎、骨折固定、伤者搬运等急救方法的原理和操作技巧。

能力目标：具备根据伤情判断并选择正确的现场急救方法的能力。

素质目标：养成精益求精、勤学苦练的精神；具有良好的团队协作能力和沟通能力；具备耐心、专注、坚持的工作态度。

汉孝公路距孝感收费站 1500m 左右处因车祸致一人受伤，救护人员赶到现场检查后发现，受伤者神志清楚，呼吸、脉搏尚正常，口咽部未见明显异物及出血，仅诉有点心慌，左上肢疼痛难忍，其左前臂可见外伤出血，左下肢小腿前面见创面 8cm 左右，可见渗血，疼痛明显。受伤者病情复杂，其左上肢前臂、左下肢小腿不能排除骨折。

救护人员对伤者病情进行分析后，迅速对其左前臂伤口进行急救止血。对受伤者左下肢小腿创面进行包扎处理，以保护伤口，减少污染，帮助止血，减轻疼痛。同时将受伤者左上肢、左下肢进行简单的固定，迅速地送往医院治疗，有效地避免了伤员残疾的可能。

由此可见，根据事故现场情况，采取恰当的急救措施对伤员进行救助，能有效避免由于拖延治疗而带来的严重后果。

说明现场急救的措施主要有哪些，根据伤员的情况进行现场急救。

现场急救技术是指在意外灾害或者突发疾病现场,为了防止伤情恶化,减少痛苦和预防休克等对受伤人员所采取的一系列必要而及时的初步抢救措施。

在意外事故现场往往伴随人员受伤,如果伤者没有得到妥善处理,现场急救技术不及时、不到位,可能会给伤者造成不可挽回的损伤;相反,如果现场进行心肺复苏、止血、包扎、骨折固定等急救技术不仅能减少伤者的痛苦,也能为伤者争取更大的生存希望,因此学好现场急救技术对保障生命安全有重大的意义。

一、心肺复苏

1. 心肺复苏基础知识

心肺复苏是对心脏骤停的患者合并使用胸外按压、人工呼吸进行急救的救命技术,目的是恢复患者自主呼吸和自主循环。

心脏骤停发生后,全身重要器官将发生缺血、缺氧。特别是脑血流的突然中断,在10s左右患者即可出现意识丧失,4~6min时脑循环持续缺氧开始引起脑组织的损伤,而超过10min时将发生不可逆的脑损伤。

心肺复苏成功率与开始抢救的时间密切相关。从理论上来说,对心源性猝死者,每分钟大约10%的正相关性。

心脏骤停1min实施心肺复苏的成功率大于90%;心脏骤停4min实施心肺复苏的成功率约为60%;心脏骤停6min实施心肺复苏的成功率约为40%。

心脏骤停8min实施心肺复苏的成功率约为20%,且侥幸存活者可能已"脑死亡";心脏骤停10min实施心肺复苏成功率几乎为0。

2. 心肺复苏技术

(1)评估现场环境安全 确保急救措施在安全的环境下进行,不造成二次伤害。

(2)判断意识 现场急救人员在患者身旁快速判断其有无损伤和反应,可轻拍患者双肩,并大声呼叫:"你怎么了?"患者无动作或应声,即判断为无反应、无意识。如图4-1所示。

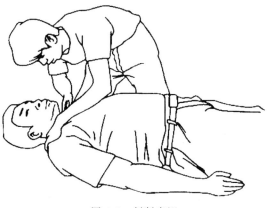

图4-1 判断意识

(3)呼叫、求救 发现患者无反应、无意识及无呼吸,如果只有一人在现场,要立即拨打急救电话,目的是求助专业急救人员,并快速携带除颤器到现场;淹溺或其他窒息原因所致心脏骤停者,应立即进行2分钟急救,再去打电话。如有2人以上时,一人打电话,另一人马上实施心肺复苏。

（4）将伤者放置在适当体位　将伤者摆放成仰卧位。

注意：如果需要将伤者身体整体转动，必须要保护好其颈部，身体平直，无扭曲，放于平地面或硬板床上。

（5）判断颈动脉和呼吸　判断颈动脉和呼吸的方法：抢救者靠近施救者，单侧触摸颈动脉，时间为5~10s，判断时用余光观察伤者的胸廓起伏。具体方法是食指及中指先摸到喉结处，再向外滑至同侧气管与颈部肌肉所形成的沟中，如图4-2所示。如无颈动脉搏动和呼吸，则立即开始胸部按压和人工呼吸。若呼吸、心跳存在，仅为昏迷，则摆成复原体位，保持呼吸道通畅。

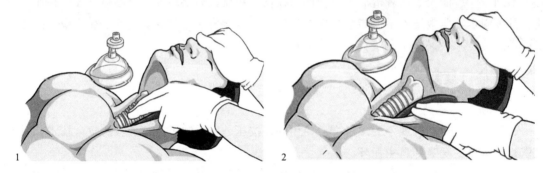

图4-2　检查颈动脉示意图

（6）胸外按压

① 确定按压部位。两乳头连线中点；难以准确判断乳头位置时，可采用滑行法，即一手中指沿患者肋弓下方向上方滑行至两肋弓交汇处，食指紧贴中指并拢，另一手的掌根部紧贴于第一只手的食指平放，使掌根按压在胸骨下半部分。如图4-3所示。

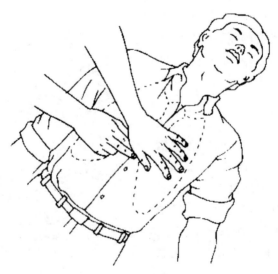

图4-3　按压位置

② 按压手法。将双手十指相扣，一手掌紧贴在患者胸壁，另一手掌重叠放在此手背上，手指翘起，手掌根部有力压在胸骨上（图4-4）。

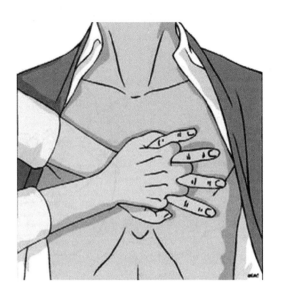

图 4-4　按压手法

③ 按压姿势。肘关节伸直,上肢呈一直线,双肩位于手上方,以保证每次按压的方向与胸骨垂直(图 4-5)。如果按压时用力方向不垂直,会影响按压效果。

特别提示:按压位置不正确可能导致按压无效、骨折,按压时确保手掌根不离开胸壁。

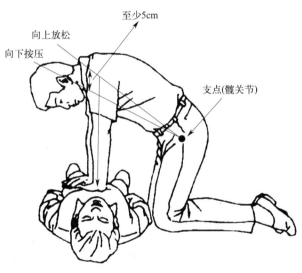

图 4-5　按压姿势

④ 按压幅度、频率及次数。对正常体型的患者,按压胸壁的下陷幅度至少 5cm,每次按压后,放松使胸廓恢复到按压前位置,放松时双手不离开胸壁。连续 30 次按压,按压应保持双手位置固定,也可减少直接压力对胸骨的冲击,以免发生骨折。按压频率为每分钟 100~120 次。

(7) 开放气道　患者意识丧失时,因肌张力下降,舌和会厌可能把咽喉部阻塞,如果患者口腔有可视异物应清除,如义齿松动应取下,以防其脱落阻塞气道。

① 仰头抬颏法(图 4-6)。把一只手放在患者前额,用手掌小鱼际部把额头用力向后推,

使头部向后仰，另一只手的手指放在下颌骨处，使下颌向上抬起，使下颌尖、耳垂连线与地面垂直。

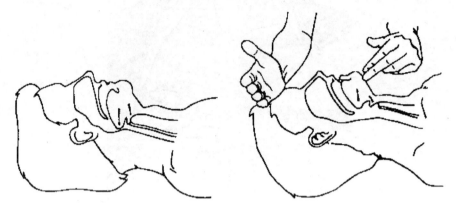

图 4-6　仰头抬颌法

② 托颌法（图 4-7）。把手放置于患者头部两侧，肘部支撑在患者躺卧平面上，握紧下颌角，用力向上托下颌。这种方法存在技术难度。但是对怀疑有头颈部创伤患者，这种方法更为安全，不会因颈部活动而加重颈椎和脊髓损伤。

（8）人工呼吸　采用人工呼吸时，每次通气必须使患者的肺脏能够充分膨胀，可见到胸廓上抬，每次通气时间应持续约 1s，连续 2 次通气。

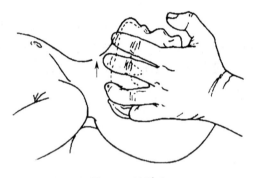

图 4-7　托颌法

① 口对口人工呼吸（图 4-8）。口对口呼吸是一种快捷有效的通气方法，呼出气体中的氧足以满足患者需求。实施口对口呼吸时，要确保患者气道开放通畅。救护员手捏住患者鼻

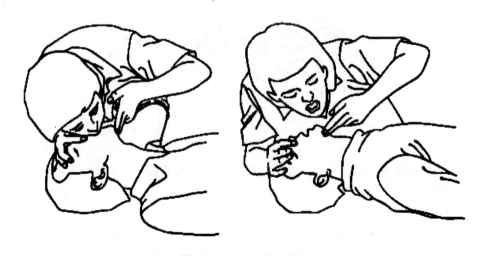

图 4-8　口对口人工呼吸

孔，防止漏气，用口把患者口完全罩住，呈密封状，缓慢吹气，每次吹气应持续约1秒钟，确保通气时可见胸廓起伏。

② 口对鼻人工呼吸。口对鼻呼吸适于那些不能进行口对口呼吸的患者，如牙关紧闭不能开口、口唇创伤等。救治淹溺者尤其适用口对鼻呼吸方法。口对鼻呼吸时，将一只手置于患者前额后推，另一只手抬下颌，使口唇紧闭。用嘴封罩住患者鼻子，吹气后使口离开鼻子，让气体自动排出。

(9) 判断心肺复苏是否有效　胸外按压与人工呼吸的次数之比为30:2，30次胸外按压和2次人工呼吸为一组。操作5组后判断复苏是否有效，如果患者意识还未恢复，可再次进行，直到患者意识恢复，呼吸恢复，颈动脉搏动出现。此为心肺复苏抢救成功。

二、止血

1. 出血的临床表现

成人的血液约占其体重的8%。失血总量达到总血量的20%以上时，就会出现脸色苍白、冷汗淋漓、手脚发凉、呼吸急促、心慌气短等症状。脉搏快而细，血压下降，继而出现出血性休克。当出血量达到总血量的40%时，就有生命危险了。

2. 出血的种类

(1) 毛细血管出血　血管向外渗出鲜红色血液。出血缓慢，出血量少。如擦破伤，一般会由于血液凝固而自然地止血。处理时可先用清水洗去伤口上的泥土，如无泥土可直接涂上红药水，再用消毒纱布包扎，或暴露干燥形成痂自愈。

(2) 静脉出血　伤口持续向外溢出暗红色血液。

(3) 动脉出血　伤口呈喷射状向外涌出鲜红色血液。

3. 止血方法

(1) 一般止血法　创口小的出血，局部用生理盐水冲洗，周围用75%的酒精涂擦消毒。涂擦时，先从近伤口内处向外周擦，然后盖上无菌纱布，用绷带包紧即可。如头皮或毛发部位出血，需剃去毛发再清洗，消毒后包扎。

(2) 加压包扎止血法　用消毒纱布或干净的毛巾、布块垫盖住伤口，再用绷带、三角巾或折成的条状布带紧紧包扎，其松紧度以达到止血目的为宜。此法多用于静脉出血和毛细血管出血及上下肢、肘、膝等部位的小动脉出血，但有骨折、可疑骨折或关节脱位时，不宜使用。

(3) 指压止血法　指压止血法是一种简单有效的临时性止血方法。它是根据动脉的走向，在出血伤口的近心端，用指压住动脉处，达到临时止血的目的。

指压止血法适用于头部、颈部、四肢的动脉出血，根据出血部位的不同，可分为以下几种。

① 头顶部出血压迫止血方法 [图4-9(a)]。在伤侧耳前约1指处，对准下颌关节上方，用拇指压迫颞动脉。头顶后部出血则压迫耳后突起下方稍外侧的耳后动脉。

② 面部出血压迫止血方法 [图4-9(b)]。用拇指压迫下颌角处的面动脉。面动脉在下颌骨下缘下颌角前方约3cm处。

③ 头颈部出血压迫止血方法 [图4-9(c)]。用拇指将伤侧的颈动脉向后压迫，严禁同时压迫两侧的颈动脉，否则会造成脑缺血坏死。

(a) 头顶部出血压迫止血方法

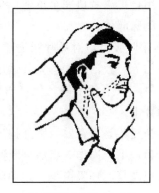
(b) 面部出血压迫止血方法

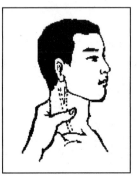
(c) 头颈部出血压迫止血方法

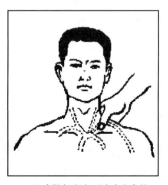
(d) 肩腋部出血压迫止血方法

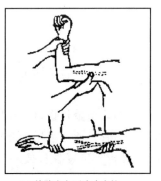
(e) 前臂出血压迫止血法

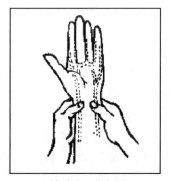
(f) 手部出血压迫止血法

(g) 腿部出血压迫止血法

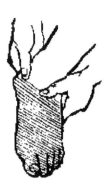 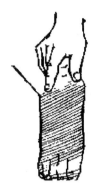

(h) 足部出血压迫止血法

图 4-9　指压止血法

④ 肩腋部出血压迫止血方法 [图 4-9(d)]。在锁骨上窝对准第一肋骨用拇指向下压迫锁骨下动脉。

⑤ 前臂出血压迫止血方法 [图 4-9(e)]。一手将患肢抬高，另一手用拇指压迫上臂的肱动脉。

⑥ 手部出血压迫止血方法 [图 4-9(f)]。抬高患肢，用两手拇指分别压迫腕部的尺动脉、桡动脉。

⑦ 腿部出血压迫止血方法 [图 4-9(g)]。用两手拇指重叠向后用力压迫大腿上端腹股沟中点稍下方的股动脉。

⑧ 足部出血压迫止血方法 [图 4-9(h)]。用两手拇指分别压迫足背中部近踝关节处的足背动脉和内踝与跟腱之间的胫后动脉。

(4) 填塞止血法　先用镊子夹住无菌纱布塞入伤口内，如一块纱布止不住出血，可再加纱布，最后用绷带或三角巾绕颈部至对侧臂根部包扎固定。此法适用于颈部和臂部较大且深的伤口，见图 4-10。

图 4-10　填塞止血法

(5) 止血带止血法　止血带止血法是快速有效的止血方法，但它只适用于不能用加压止血法的四肢大动脉出血。其方法是用橡胶管或布条捆扎伤口出血部位或伤口近心端动脉，阻断动脉血运，达到快速止血的目的。上止血带的位置在上臂上 1/3 处，下肢为大腿中上 1/3 处，其松紧度以摸不到远端动脉的搏动，伤口刚好止血为宜，过松无止血作用，过紧会影响血液循环，易损伤神经，造成肢体坏死。上止血带的伤者要有明显标志，并明确标明上止血带的部位和时间,为防止伤肢缺血坏死,上完止血带后,每隔40～50min放松一次,每次2～3min,为避免放松止血带时大量出血,放松时动作应尽量缓慢,放松期间可改用指压法临时止血。

止血带止血法为止血的最后一种方法,必须在采用其他方法不能止血或难以采用其他止血方法时方可使用,操作时要注意使用的材料、止血带的松紧程度、标记时间等问题。

① 橡胶止血带止血法。常用一条长1m的橡胶管,先用绷带或布块垫平上止血带的部位,两手将止血带中段适当拉长,绕出血伤口上端肢体2～3圈后固定,打"V"字结,借助橡胶管的弹性压迫血管而达到止血的目的。橡胶止血带止血法如图4-11所示。

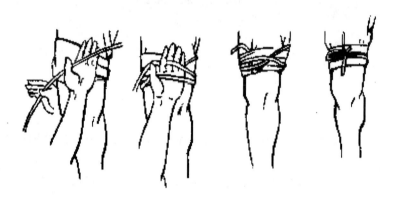

图4-11 橡胶止血带止血法

② 布条止血带止血法。又称绞紧止血法,常用三角巾、布带、毛巾、衣袖等平整地缠绕在加有布垫的肢体上,拉紧或用木棒、筷子、笔杆等绞紧固定。

三、包扎

1. 包扎的目的和注意事项

包扎的目的是压迫止血、保护伤口、防止感染、固定骨折,保护内脏、血管、神经、肌腱,减少疼痛,有利于伤口早期愈合。

包扎要求动作轻、快、准、牢。包扎前要弄清包扎的目的,以便选择适当的包扎方法,并先对伤口做初步的处理。包扎的松紧要适度,过紧影响血液循环,过松会移动脱落。包扎材料打结或其他方法固定的位置,要避开伤口和坐卧受压的位置。为骨折制动的包扎应露出伤肢末端,以便观察肢体血液循环的情况。

2. 包扎的材料

(1) 三角巾　大小可视实际包扎需要而定。

(2) 绷带　我国标准绷带长6m,宽度分3cm、4cm、5cm、6cm、8cm、10cm 6种规格。

现场救护没有上述常规包扎材料时,可用身边的衣服、手绢、毛巾等材料进行包扎。

3. 包扎的方法

(1) 绷带包扎　绷带包扎法的用途广泛,主要适用于四肢和头部伤口的包扎。包扎的目的是限制患处活动、固定敷料和夹板、加压止血、保护伤口、减轻疼痛、防止伤口感染等。

主要包扎方法以下几种，如图 4-12 所示。

① 环形包扎法。此法主要用于创面较小的伤口，也可用于绷带包扎方法的起始和结束。
② 蛇形包扎法。适用于夹板固定，或需由一处迅速延伸至另一处时，或做简单固定时。
③ 螺旋形包扎法。此法主要用于包扎粗细相差不大的部位。
④ 螺旋反折形包扎法。此法主要用于包扎粗细相差比较悬殊的部位。
⑤ 回返形包扎法。此法主要用于包扎没有顶端的部位，如截肢残端、指端、头部等。
⑥ 关节"8"字形包扎法。此法主要用于包扎脚踝、手掌和其他关节部位。

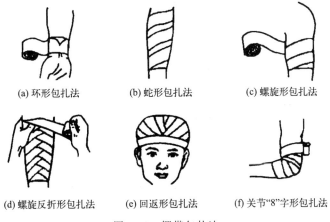

图 4-12　绷带包扎法

(2) 三角巾包扎　三角巾包扎主要用于较大创面、不便于用绷带包扎的伤口包扎和止血，如头、肩膀、躯干等部位。主要包括帽式包扎法、面部包扎法、肩部包扎法、胸部包扎法（单胸、双胸包扎法）、手臂包扎法，如图 4-13 所示。

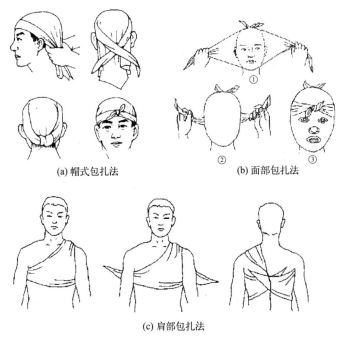

图 4-13

(d) 胸部包扎法　　　　　(e) 手臂包扎法

图 4-13　三角巾不同的包扎方法

四、骨折固定

出现外伤后尽可能少搬动病人。疑脊椎骨折，必须用木板床水平搬动，绝对禁忌头、躯体、脚不平移动。患者骨折端早期应妥善地简单固定。一般用木板、木棍、树枝、扁担等，所选用材料要长于骨折处上下关节，做超关节固定。固定的松紧要合适。固定时可紧贴皮肤垫上棉花、毛巾等松软物，外以固定材料固定，以细布条捆扎。经上述急救后立即送医院进行伤口处理，骨折固定方法如图 4-14 所示。

（1）前臂骨折［图 4-14(a)］　将 2 块有垫夹板分别放在前臂的掌侧和背侧，前臂处于中立位，屈肘 90°，用 3~4 条宽带缚扎夹板，再用大悬臂带把前臂挂在胸前。

（2）手腕部骨折［图 4-14(b)］　将一块有垫夹板放在前臂和手的掌侧，手握绷带卷，再用绷带缠绕固定，然后用大悬臂带把患臂挂于胸前。

（3）小腿骨折［图 4-14(c)］　将 2 块有垫夹板放在小腿的内外侧，2 块夹板上至大腿中部，下至足部。用 4~5 条宽带分别在膝上、膝下及踝部缚扎固定。

（4）踝足部骨折［图 4-14(d)］　取一块直角夹板置于小腿后侧，用棉花或软布在踝部和小腿下部垫妥后，用宽带分别压在膝下、踝上和足跖部缚扎固定。

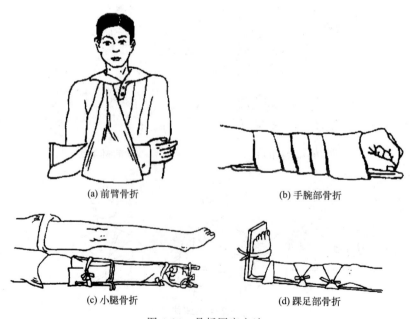

(a) 前臂骨折　　　　　　(b) 手腕部骨折

(c) 小腿骨折　　　　　　(d) 踝足部骨折

图 4-14　骨折固定方法

五、搬运

伤者经过现场的初步急救处理后,要尽快送至医院做进一步的救治,这就需要搬运转送。搬运转送工作做得正确、及时,不但能使伤者迅速地得到较全面的检查、治疗,同时,还能减少在这个过程中病情的加重和变化。搬运转送不当,轻者,延误了对伤者及时的检查治疗;重者,伤情、病情恶化甚至可能造成死亡,使现场抢救工作前功尽弃。

1. 搬运方法

(1) 徒手搬运

① 单人搬运法。适用于伤势比较轻的伤病员,采取背、抱或扶持等方法[图 4-15(a)]。

② 双人搬运法。一人搬托双下肢,一人搬托腰部。在不影响病伤的情况下,还可用椅式、轿式和拉车式[图 4-15(b)]。

③ 多人搬运。脊椎受伤的患者向担架上搬动应由 4~6 人一起搬动,2 人专管头部的牵引固定,使头部始终保持与躯干成直线的位置,维持颈部不动。另 2 人托住臂背,2 人托住下肢,协调地将伤者平直放到担架上,并在颈窝放一小枕头,头部两侧用软垫沙袋固定[图 4-15(c)]。

(2) 担架搬运 搬运要点:担架员在伤员一侧,将伤员抱上担架,将伤员固定在担架上,头部向后,如图 4-15(d) 所示,以便观察伤员病情变化,病情如有变化,应立即停下抢救,先放脚,后放头。

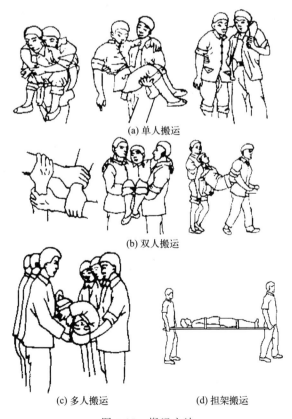

(a) 单人搬运

(b) 双人搬运

(c) 多人搬运   (d) 担架搬运

图 4-15 搬运方法

2. 搬运注意事项

① 搬运伤员之前要检查伤员的生命体征和受伤部位，重点检查伤员的头部、脊柱、胸部有无外伤，特别是颈椎是否有损伤。

② 必须妥善处理好伤员。首先要保持伤员呼吸道的通畅，然后对伤员的受伤部位要按照技术操作规范进行止血、包扎、固定。处理得当后，才能搬动。

③ 在人员、担架等未准备妥当时，切忌搬运。搬运体重过重和神志不清的伤员时，要考虑全面。防止搬运途中发生坠落、摔伤等意外。

④ 在搬运过程中要随时观察伤员的病情变化。重点观察呼吸、神志等，注意保暖，但不要将头面部包盖太严，以免影响呼吸。一旦在途中发生紧急情况，如窒息、呼吸停止、抽搐等，应停止搬运，立即进行急救处理。

⑤ 在特殊的现场，应按特殊的方法进行搬运。火灾现场，在浓烟中搬运伤员，应弯腰或匍匐前进；在有毒气泄漏的现场，搬运者应先用湿毛巾掩住口鼻或使用防毒面具，以免被毒气熏倒。

分小组练习心肺复苏术。

任务四
典型事故应急处置

 学习目标

知识目标：掌握常见的危险化学品事故的应急处置。

能力目标：具备处置危险化学品事故的应急能力。

素质目标：养成精益求精、勤学苦练的精神；具有良好的团队协作能力和沟通能力；具备耐心、专注、坚持的工作态度。

某石化企业常减压装置，当班工人在巡检时发现换热区域突然腾起一股青烟，渣油换热器泄漏，并不断向外喷出温度高达300℃、压力为1.5MPa的渣油，渣油同空气接触随时可能自燃着火。当班工人立即组织人员用消防蒸汽对漏油处进行掩护，同时沉着地关闭隔断阀，成功处置了装置的初期火灾。

掌握危险化学品典型事故的应急处置方法。

危险化学品是指具有毒害、腐蚀、爆炸、燃烧、助燃等性质，对人体、设施、环境具有危害的剧毒化学品和其他化学品。

一、应急处置流程及要点

1. 防护

（1）呼吸防护　在确认发生毒气泄漏或危险化学品事故后，应马上用手帕、餐巾纸、衣物等随手可及的物品捂住口鼻。手头如有水或饮料，最好把手帕、衣物等浸湿。最好能及时戴上防毒面具、防毒口罩。

（2）皮肤防护　尽可能戴上手套，穿上雨衣，雨鞋等，或用床单、衣物遮住裸露的皮肤。如有防化服等防护装备，要及时穿戴。

（3）眼睛防护　尽可能戴上各种防毒眼镜、防护镜，如果没有专业防护眼镜，也可用游泳护目镜代替。

（4）食品检测　污染区及周边地区的食品和水源不可随便食用，须经检测无害后方可食用。

2. 撤离

判断毒源与风向，沿上风或侧风方向路线，朝着远离毒源的方向撤离现场。

3. 洗消

到达安全地点后，要及时脱去被污染的衣服，用流动的水冲洗身体，特别是裸露的身体部位要重点清洗，防止从皮肤吸入毒物而出现中毒现象。

4. 救治

迅速拨打"120"，将中毒人员及早送医院救治。中毒人员在等待救援时应保持平静，避免剧烈运动，以免加重心脏负担致使病情恶化。

二、事故现场应急处置

1. 危险化学品灼伤的现场急救

化学腐蚀物品对人体有腐蚀作用、易造成化学灼伤。腐蚀物造成的灼伤与一般火灾的烧伤、烫伤不同，开始时往往感觉不太疼，但发觉时组织已被灼伤。所以对触及皮肤的腐蚀物品，应迅速采取淋洗等急救措施。

① 化学性皮肤烧伤，应立即将伤员移离现场，迅速脱去受污染的衣裤、鞋袜等，并用大量流动的清水冲洗创面 20～30min（强烈的化学品冲洗时间更长），以稀释有毒物质，防止继续损伤和通过伤口吸收。新鲜创面上严禁任意涂抹油膏或红药水、紫药水等药品，不要用脏布包裹；黄磷烧伤时应用大量清水冲洗、浸泡或用多层干净的湿布覆盖创面。

② 化学性眼烧伤，要在现场迅速用流动的清水进行冲洗。

2. 危险化学品急性中毒的现场急救

① 若为沾染皮肤中毒，应迅速脱去受污染的衣物，用大量流动的清水冲洗至少 15min。若为吸入中毒，应迅速远离中毒现场，从上风方向移至空气新鲜处，同时解开伤者的衣领、放松裤带，使其保持呼吸道畅通，并注意保暖，防止受凉。

② 若为口服中毒，中毒物为非腐蚀性物质时，可用催吐的方法使中毒者将毒物吐出。

③ 误食强碱、强酸等腐蚀性物品时，催吐方法可能反使食道、喉咙再次受到严重损伤，可服牛奶、蛋清、豆浆、淀粉糊等，此时不能洗胃，也不能口服碳酸氢钠，以防胃胀气引起胃穿孔。

④ 现场如发现中毒者心跳、呼吸骤停，应立即实施人工呼吸和体外心脏按压术，使其维持呼吸、心跳功能。

3. 危险化学品火灾事故处置措施

① 先控制，后消灭。针对危险化学品火灾的火势发展蔓延快和燃烧面积大的特点，积极采取统一指挥，以快制快、堵截火势、防止蔓延，重点突破、排除险情，分割包围、速战速决的灭火战术。

② 扑救人员应站在上风或侧风方向灭火。

③ 进行火情侦察、火灾扑救、火场疏散时，现场人员应有针对性地采取自我防护措施，如佩戴防护面具，穿戴专用防护服等。

④ 应迅速查明燃烧范围、燃烧物品及其周围物品的品名和主要危险特性，火势蔓延的主要途径，燃烧的危险化学品及燃烧产物是否有毒等。

⑤ 正确选择最适当的灭火剂和灭火方法。火势较大时，应先堵截火势蔓延，控制燃烧范围，然后逐步扑灭火势。

⑥ 对有可能发生爆炸、爆裂、喷溅等特别危险需紧急撤退的情况，应按照统一的撤退信号和撤退方法及时撤退。

⑦ 火灾扑灭后仍然要派人监护现场，消灭余火。

4. 危险化学品泄漏事故处置措施

(1) 安全防护　现场救援人员进入泄漏现场进行处理时，应注意安全防护，进入现场的救援人员必须配备必要的个人防护器具。必须做到：

① 如果泄漏物是易燃、易爆的化学品。事故中心区应严禁火种、切断电源，禁止车辆进入，立即在边界设置警戒线。根据事故情况和事态发展，确保事故波及区域人员的撤离。

② 如果泄漏物是有毒的，应使用专用防护服、隔绝式防毒面具，立即在事故中心区边界设置警戒线，根据事故情况和事故发展，确保事故波及区域人员的撤离。

(2) 泄漏源控制　泄漏源控制措施有关闭阀门、停止作业、改变工艺流程、停止物料添加、局部停车、减负荷运行等方式。堵漏时，采用合适的材料和技术手段堵住泄漏处。

(3) 泄漏物处理

① 围堤堵截。筑堤堵截泄漏液体或者引流到安全地点。储罐发生液体泄漏时，要及时关闭雨水阀，防止物料沿明沟外流。

② 稀释与覆盖。对有害物蒸气，可向有害物蒸气云喷射雾状水，加速气体向高空扩散。对可燃物，也可以在现场释放大量水蒸气或氮气，破坏燃烧条件。对液体泄漏，为降低物料向大气中的蒸发速度，可用泡沫或其他覆盖物品覆盖外泄的物料，在其表面形成覆盖层，抑

制其蒸发。

③ 收容（集）。对大型泄漏，可选择用隔膜泵将泄漏出的物料抽入容器内或槽车内；当泄漏量小时，可用沙子、吸附材料、中和材料等吸收中和。

④ 废弃。将收集的泄漏物运至废物处理场所处置。用消防水冲洗剩下的少量物料，冲洗水排入污水系统处理。

练习使用灭火器、消防栓、紧急洗眼器等应急处置设施。

参考文献

[1] 刘景良. 化工安全技术 [M]. 4版. 北京：化学工业出版社，2019.
[2] 齐向阳. 化工安全技术 [M]. 2版. 北京：化学工业出版社，2014.
[3] 智恒平. 化工安全与环保 [M]. 北京：化学工业出版社，2008.
[4] 孙士铸，刘德志. 化工安全技术 [M]. 北京：化学工业出版社，2019.
[5] 朱鹏，张益，丁玮. 事故管理与应急处置 [M]. 北京：化学工业出版社，2018.
[6] 罗云，裴晶晶. 风险分析与安全评价 [M]. 北京：化学工业出版社，2016.
[7] 徐文明，于海. 责任关怀与安全技术 [M]. 北京：化学工业出版社，2019.
[8] 谭彪，张娜. 安全生产基础 [M]. 北京：电子工业出版社，2007.
[9] 蔡庄红，白航标. 安全评价技术 [M]. 3版. 北京：化学工业出版社，2019.
[10] 陈红冲，牛正玺. HSE与清洁生产 [M]. 北京：化学工业出版社，2018.
[11] 何秀娟，徐晓强. 化工安全与职业健康 [M]. 北京：化学工业出版社，2018.
[12] 叶龙，李森. 安全行为学 [M]. 北京：清华大学出版社，北京交通大学出版社，2015.
[13] 郑社教. HSE管理理念、方法与技术 [M]. 北京：石油工业出版社，2016.
[14] 中国红十字会总会. 心肺复苏与创伤救护 [M]. 北京：人民卫生出版社，2015.
[15] 黄辉，甘黎嘉，徐阳. 事故应急与救护 [M]. 重庆：重庆大学出版社，2021.